« RÉPONSES »
Collection créée par Joëlle de Gravelaine,
dirigée par Nathalie Le Breton

DU MÊME AUTEUR

Chez le même éditeur

L'Autorité sans fessées, 2010.
Le Courage des femmes, 2009.
Attendre mon enfant aujourd'hui, nouvelle édition, 2006.
Élever mon enfant aujourd'hui, nouvelle édition, 2006.
Dolto en héritage, t. 2, collection « Réponses », 2006.
Dolto en héritage, t. 1, collection « Réponses », 2005.
J'aide mon enfant à s'épanouir, collection « Réponses », 2005.
J'aide mon enfant à se concentrer, collection « Réponses », nouvelle édition, 2005.
Vive l'éducation !, collection « Réponses », 2003.
L'Enfant de l'autre, collection « Réponses », nouvelle édition, 2003.
Éloge des mères, collection « Réponses », nouvelle édition, 2003.
Confidences de parents, collection « Réponses », 2002.

EDWIGE ANTIER

« IL EST OÙ MON PAPA ? »

L'enfant, le couple et la séparation

ROBERT LAFFONT

ISBN 978-2-221-12956-2

« Si ton père n'avait pas été là, tu ne serais pas né.

Tu as un père comme tout le monde et plus tard, tu le rechercheras.

Actuellement, je suis fâchée avec lui, mais quand tu es venu au monde, je l'aimais.

Et comme je t'aime, cela prouve qu'il y avait en lui des choses très bien. »

Françoise DOLTO,
Les Étapes majeures de l'enfance

« Si j'émets tant de griefs à l'égard des pères, c'est qu'ils écrasent tous leurs enfants.

La mort de mon père fut ma propre liberté et c'est en ce sens que je n'ai pas de Sur-moi, puisque je n'ai pas de père. »

Jean-Paul SARTRE

Je dédie ce livre à mes visiteuses du soir qui serrent leur portable révélateur de la trahison ;

à tous mes visiteurs si désespérés qui voudraient partager encore le bol de chocolat du matin...

Préambule

Le contenu de ce livre se base sur quarante-cinq ans d'expérience et le suivi de familles pendant deux générations. Il relate donc des anecdotes et le fruit du vécu dans mon cabinet de médecin. Vous y trouverez des conseils universels mais aussi des exemples[1] qui illustrent des situations extrêmement différentes et souvent opposées parce que c'est le meilleur moyen, selon moi, de réfléchir à la vôtre.

Je me poserai tout au long en témoin qui recueille la parole de l'enfant qu'il a vu grandir et qu'il doit mener à bon port. Le cabinet de pédiatrie est un lieu privilégié d'observation et de confidence. Quand l'enfant a besoin de thérapie, quand sa pensée est troublée, quand son comportement perturbe sa vie sociale, le pédopsychiatre et le psychologue prennent le relais pour aider l'enfant. Encore faut-il avoir décelé son mal-être et pu apporter les premières réponses, aider la famille dans les premières décisions.

1. Pour des raisons de discrétion, le prénom des personnes évoquées a été modifié.

Introduction

Qu'est-ce qu'on lui dit ? Que va-t-il comprendre, si petit ?

Vous êtes de plus en plus nombreux, aux consultations du soir, à venir seule, ou à deux, pour m'annoncer que ces petits que j'ai suivis, vaccinés, protégés vont vivre désormais entre deux maisons. Ils savent à peine les jours de la semaine et ce que signifie « à tout à l'heure » ou « à demain », qu'il va leur falloir apprendre à compter en « dodos » le moment où papa ressurgira dans leur vie, ou bien maman, disparue parce que ce sont « les vacances scolaires ». Certes ils sont déjà à la maternelle mais encore si peu « scolaires ».

« Comment lui dit-on ? » me demandez-vous, les genoux serrés, la gorge nouée. Comment risque-t-il de réagir : tristesse ? agressivité ? mutisme ? S'il a des frères et sœurs, s'il y a un aîné, ils vont nécessairement se parler à leur manière. Alors comment trouver les bons mots, et à quel moment lui parler de la situation, à lui qui est encore si jeune ?

Car on divorce, ou on se sépare, de plus en plus tôt, avec des enfants de plus en plus jeunes (voir annexe I). Le croisement des statistiques de l'INSEE (âge au moment de la séparation comparé à la durée du mariage ou du pacs, et âge des enfants par rapport à celui de la femme) témoigne de cette évolution, confirmée par mon expérience sur deux générations. C'est un phénomène de société très net.

Pourquoi ? Les jeunes couples n'ont pas plus qu'autrefois l'intention de se séparer alors que leurs enfants sont en bas âge, au contraire car ils sont souvent marqués par le divorce de leurs propres parents et se sont juré qu'eux ne le feraient jamais ! Pourtant, c'est un fait, le couple explose de plus en plus tôt.

Est-ce la vie actuelle, avec ses bouleversements sociaux et psychologiques, qui conduit à la séparation des couples si vite après la naissance de leurs enfants ? Les hommes, non préparés, ne se sont-ils pas adaptés à la libération des femmes ? Pourquoi l'arrivée d'un enfant, puis d'un deuxième souvent, qui devraient souder les parents, semble-t-elle devenir une ligne de fragilité ? Car le plus grand risque de césure conjugale apparaît à une date fatidique : les 2 ans du deuxième enfant... C'est la zone de grande turbulence même si de plus en plus de séparations surviennent dès le premier, parfois quelques mois après sa naissance, voire dès une conception dont le désir était pourtant très partagé. Y a-t-il des facteurs de risque pour une rupture précoce du couple ? Pourquoi un mur sournois se dresse-t-il entre l'homme et la femme dès lors qu'ils deviennent parents ?

Au-delà de ce constat, c'est surtout l'accompagnement dont vous avez besoin qui me préoccupe. Quels mots pour l'annonce à l'enfant selon son âge, selon son rang dans la famille, selon le type de sa ou ses familles ? Nous verrons ce qu'il peut en entendre, ce qu'il peut en comprendre, ce qu'il peut en retenir, en sachant que 20 % des pères divorcés (un sur cinq) ne voient plus leurs enfants quatre ans après la séparation[1]. Une séparation précoce laisse-t-elle moins ou plus de séquelles ? Comment préparer dès la séparation un avenir serein pour l'enfant, et pour ses parents ?

Ces questions vous taraudent car vous appréhendez d'autant plus mal la vie psychique de vos petits que vous êtes vous-mêmes engloutis par le chagrin ou pris de vertige devant les enjeux de la nouvelle vie qui vous attend. Votre lucidité, à l'une comme à l'autre, est toujours obscurcie par ce sentiment de culpabilité qui vous fait tant pleurer...

Alors, on se pose, on se calme, on essaie de comprendre ce qui se passe dans la tête des tout jeunes, et ensuite vous saurez comment les épargner.

---

1. Voir Patrice Huerre et Christilla Pellé-Douël, *Pères solos, pères singuliers ?*, Albin Michel, 2010.

La proportion d'enfants nés hors mariage ne cesse d'augmenter et n'est pas encore stabilisée. Un quart des enfants qui vivent avec leur mère et dont le père est vivant ne le voient plus jamais ; 20 % le voient tous les quinze jours et 20 % chaque semaine.

Chapitre I

Des séparations de plus en plus précoces

Ces séparations de plus en plus rapides de couples ayant des enfants de plus en plus jeunes au moment de la rupture sont-elles une impression ou une réalité ? Dépendent-elles du statut social des parents ? Vous séparez-vous moins selon que vous êtes mariés, concubins, pacsés ou recomposés ? La force du lien social ou l'expérience influencent-elles la stabilité de la famille ?

C'est ce que nous allons analyser à l'appui des derniers chiffres publiés, mais aussi de mon expérience avec le recul de deux générations de familles suivies, et celle des enseignants d'école maternelle, des directrices de crèche avec qui je travaille en étroite collaboration et qui vivent cette tendance sociétale au quotidien : dès la petite section des 3 ans, il leur faut veiller à envoyer les bulletins des acquisitions de l'enfant en double, au père comme à la mère. Le moment le plus critique dans leur organisation annuelle est, disent-ils, la fête des Pères, que la plupart des maîtresses hésitent désormais à célébrer autant que celle des Mères, de peur que des interrogations ne submergent certains enfants, auxquelles elles ne seraient pas à même de répondre.

Mariés de plus en plus tard, divorcés de plus en plus tôt

Actuellement, vous vous séparez de plus en plus souvent et de plus en plus vite, à peine quatre ans après être passés devant M. le maire ! L'évolution du divorce[1] en chiffres le montre : alors qu'en 1970 les couples mariés divorçaient très peu après deux ans de mariage (75 pour 10 000), et encore rarement au bout de cinq ans (363 pour 10 000), en 2004 les mariés se séparaient trois fois plus souvent et beaucoup plus vite (sur 10 000 couples, 230 se séparaient dès les deux ans de mariage, et près de 1 000 au bout de cinq ans). Cette accélération des divorces a progressé encore plus rapidement ces dernières années. Ainsi, en 2009, un couple marié sur cinq divorçait après trois ans de mariage, et plus d'un quart après cinq

1. Il existe plusieurs formes de divorce : par consentement mutuel (sur requête conjointe ou demande acceptée), pour rupture de la vie commune (après six ans de séparation) ou pour faute. Trois types de jugement peuvent être prononcés :

— Le jugement de séparation de corps. Ce jugement doit être mentionné en marge de l'acte de mariage mais ne permet pas de remariage. Il est révocable sur simple accord des époux lors de la reprise de la vie commune.

— La conversion de séparation de corps. Elle transforme une séparation de corps en divorce et permet le remariage.

— Le divorce sur demande directe accueillie. Ce jugement doit être mentionné en marge de l'acte de mariage. Il est irrévocable et permet le remariage. Voir « Divorces et divortialité », INSEE.

ans. Actuellement le moment critique se situe vraiment autour des quatre ans après la noce[1]...

Or 85 % des couples mariés de moins de 40 ans ont des enfants. Et lorsque les parents ont moins de 40 ans, les enfants sont jeunes. Ce n'est donc pas une illusion mais bien une vérité statistique : de plus en plus d'enfants de plus en plus jeunes voient leurs parents divorcer. Même lorsque papa et maman ont solennisé leur décision de vivre ensemble en passant devant M. le maire. Le mariage ne protège pas contre la précarité du couple. Et les autres modes d'union, qui font de plus en plus d'adeptes, sont encore plus labiles...

L'« union libre », libre de se dissoudre plus vite ?

On ne dit plus « mon mari » mais « mon compagnon ». Il y a quinze ans, il y avait deux fois plus de couples mariés que de couples vivant en concubinage ; aujourd'hui, ils sont en nombre égal[2]. Le refus du mariage est souvent une conséquence des blessures générées par le divorce de leurs propres parents : les jeunes adultes rejettent le mariage comme portant malheur au couple, en l'enfermant dans un statut social nuisant à la pérennité des senti-

1. « Proportion d'unions déjà rompues suivant la durée et l'année du mariage », Ministère de la Justice, INSEE.

2. « Situation matrimoniale et nombre d'enfants », 28e rapport sur la situation démographique de la France 1999, données 1997, www.uniondesfamilles.org.

ments. Ils n'ont pas l'intention de se séparer plus facilement, au contraire, mais de vivre ainsi unis par un amour plus sincère. Ils font donc des enfants et espèrent les élever dans une famille soudée, tout autant que les couples mariés[1].

Mais, de fait, il n'en est rien, les couples concubins, faisant plus d'enfants qu'autrefois, se séparent tout de même plus, et plus vite, que les couples mariés. Un nombre de plus en plus grand d'enfants naissent ainsi de parents non mariés : ils étaient un tiers il y a quinze ans, ils sont plus d'un sur deux (55 %) aujourd'hui. Ces enfants vont donc, encore plus tôt que les enfants de parents mariés, connaître un foyer à géométrie variable. La séparation d'avec leur père sera d'autant plus énigmatique pour eux. Certes, les juges aux affaires familiales donnent le même droit à l'autorité parentale aux pères ex-concubins qu'aux pères ex-époux, mais c'est l'âge de l'enfant qui conduit à préconiser sa résidence le plus souvent chez la mère. Nous verrons alors comment la notion de papa sera d'autant plus éthérée que la perception du temps par l'enfant est différente de celle de l'adulte.

1. « Évolution des naissances, de la natalité et de la part des naissances hors mariage en France », INSEE, estimations de population et statistiques de l'état civil.

Les couples pacsés se séparent encore plus vite que les mariés

De plus en plus de couples sont pacsés et font des enfants. Plus de la moitié d'entre eux (55 %) ont au moins un enfant. Les pacsés ont même plus d'enfants que les concubins : un couple pacsé sur cinq a deux enfants ou plus. Ce sont en majorité des couples hétérosexuels qui craignent l'engagement du mariage, souvent par une sorte de superstition là encore : « Être mariés n'a pas réussi à mes parents », me disent-ils volontiers. Le pacs, moins conventionnel, leur semble donner une priorité aux sentiments. Or les couples pacsés se séparent plus que les couples mariés[1]. Leurs enfants viennent rejoindre les cohortes de ces tout-petits qui vivent la séparation précoce de leurs parents et essaient de comprendre pourquoi papa n'habite plus à la maison !

Les couples recomposés encore plus fragiles

Nous pourrions penser qu'avec l'expérience, la deuxième union serait plus stable. L'un au moins des partenaires est plus expérimenté et si heureux d'entrer dans une phase de reconstruction... Là encore il n'en est rien. La fragilité du nouveau couple est encore plus grande : bien que l'on parle beaucoup de ces

1. « Répartition des parents selon le nombre d'enfants et nombre moyen d'enfants », INSEE, enquête revenus fiscaux et sociaux 2008.

familles recomposées, en fait, vous vous remariez plus rarement que la génération précédente (seulement 47 % des hommes et 45 % des femmes ayant divorcé en 1988 se remarient, alors qu'ils étaient respectivement 60 % et 56 % en 1970)[1]. Vous vous recomposez avec prudence, en concubinage ou pacsés, mais vous décomposez votre couple encore plus vite, ce que l'on oublie souvent de dire... Les enfants de ce deuxième couple se verront d'autant plus sujets au questionnement que tous les repères de la fratrie sont déjà complexes : entre les frères, les demi, les quasi, ils sont où les papas ? Quel papa ? De qui ?

Quand on dit « famille monoparentale », le plus souvent c'est sans papa !

La famille dite « monoparentale » concerne essentiellement les femmes élevant seules un enfant ; le père partage l'autorité parentale, apporte quelques subsides et lui consacre le plus souvent un week-end sur deux, parfois un jour en semaine, la moitié des vacances. Cet enfant sait qu'il a un papa mais, selon son âge, que comprend-il de ses absences ? Des discussions avec sa mère ? De la photo ou de l'absence de photos dans la maison ? Quels mots lui dire quand papa n'est pas là le jour J ? À l'heure dite ? Ou quand papa pleure son chagrin avec lui en le déposant ?

1. 28e rapport sur la situation démographique de la France 1999, données 1997.

Puis s'en va sans un mot? «Pourquoi il part, mon papa?»

Les familles monoparentales correspondent dans 85 % des cas à des foyers sans papa. Elles sont 1,4 million de familles – 2,5 fois plus qu'il y a quarante ans[1]. Or rares sont les femmes à avoir programmé d'élever seules leur enfant (nous verrons plus loin la situation de celles qui ont vraiment décidé de «faire un bébé toutes seules»). Elles sont presque toujours devenues mères parce qu'elles avaient le projet de vivre en couple. Lorsque la vie commune leur semble impossible, si beaucoup d'entre elles deviennent des mères courage, espérant être capables d'élever leur enfant au quotidien, leur souhait est généralement d'entretenir un lien avec le père. Nous verrons les obstacles qui peuvent nuire à ce projet.

Mais le terme «monoparentale» recouvre des situations bien différentes. Dès lors que le père a reconnu l'enfant et instauré un lien, la famille reste biparentale. Même si l'enfant vit sous deux toits et voit rarement son père, il le connaît. Il en va tout autrement si l'enfant n'a réellement plus de papa...

Ces petits orphelins dont on parle si peu...

Les familles monoparentales ne sont pas toutes issues de la séparation. Tous les ans, des hommes

1. Patrice Huerre et Christilla Pellé-Douël, *Pères solos, pères singuliers ?*, *op. cit.*

jeunes décèdent (plus que des femmes). En 2005, presque 10 % des familles monoparentales étaient conséquentes au décès du conjoint[1]. C'est beaucoup, et je suis toujours surprise en tant que pédiatre par le mutisme qui règne autour d'un jeune orphelin de père. La société est souvent dans le déni, comme en témoigne Corinne Goldberger : « Dans le parcours du veuvage, le silence de l'entourage est terrible. Mon fils avait 8 ans et ma fille 14 ans lors du décès de leur père. J'ai donc tenu à informer les enseignants... Certains camarades ont estimé que mon fils avait raconté qu'il avait perdu son père “pour se rendre intéressant”... La directrice de l'école a eu une réaction très ferme et a exigé que les enfants présentent leurs excuses à mon fils. J'ai informé les professeurs de ma fille, qui ont eu pour la plupart des réactions stupéfiantes : ils ont considéré que cet événement ne les concernait pas[2]... »

Plus étonnante encore, dans mon expérience, la réaction des grands-parents paternels, étrangement absents, voire hostiles à la famille orpheline. Jeune pédiatre, j'en ai été surprise la première fois que j'ai eu à suivre un petit orphelin de père. Avec l'expérience, j'ai compris que la douleur de perdre un fils rendait souvent difficile la pérennité du lien familial, aussi bizarre que cela puisse paraître. Le deuil à faire est terrible pour ces grands-parents alors que ces

1. Voir annexe II : « Toujours plus de familles monoparentales », recensements de la population de 1962 à 1999, enquêtes annuelles de recensement de 2004 à 2007, INSEE.

2. *Quand la mort sépare un jeune couple. Le veuvage précoce*, Albin Michel, 2005.

enfants qui n'ont plus de papa ont tellement besoin d'eux. C'est dire comme un accompagnement psychologique est fondamental lors de la mort du papa. Et selon les circonstances du drame, comme nous le verrons plus loin.

Les enfants adoptés, le mystère des origines paternelles

La France est l'un des pays occidentaux qui adopte le plus d'enfants[1]. Il est de bon ton de leur « dire la vérité ». Mais quelle vérité ? Nous allons voir que si le pays et la ville de l'orphelinat font aujourd'hui presque toujours partie de l'album de famille, les circonstances dans lesquelles leur mère de naissance les a confiés à l'adoption commencent à peine à être conservées et accessibles à l'adolescence. Par contre, ces enfants ne savent pratiquement jamais rien de leur géniteur, comme si cette femme, pauvre, jeune, en péril peut-être, avait fait un bébé sans homme. Il n'y a pas encore de préparation à connaître l'histoire du père, un homme qu'on imagine de passage... Il faudra ensuite que l'enfant adopte son papa, construction dont nous verrons la problématique.

1. Le nombre de personnes qui font une demande pour adopter un enfant a presque doublé en quinze ans. On compte aujourd'hui plus de 10 000 demandes par an. Environ 90 % des demandes sont déposées par un couple et 90 % des candidats à l'adoption ont entre 30 et 49 ans. L'adoption internationale représente plus de 80 % de l'adoption en France (soit 3 504 enfants adoptés à l'étranger). La France est le troisième État d'accueil d'enfants adoptés à l'étranger, après les États-Unis et l'Italie.

Sans papa... ou avec deux papas ?

Si la famille homoparentale ne représente qu'une minorité aujourd'hui[1], c'est une minorité phare qui, tout en défendant sa légitimité à élever un enfant, cherche conseils et réponses pour qu'il s'épanouisse. On estime à 30 000 les couples homosexuels, ce qui représente 0,2 % des couples[2]. Or, parmi ces familles, il y a beaucoup plus d'enfants sans papa qu'avec deux papas. Même si nous voyons aussi de plus en plus venir en consultation un homme seul ou un couple d'hommes, il y a bien plus longtemps que les femmes vivent en couple en ayant procréé ou adopté, et ce sont leurs enfants que nous voyons en plus grand nombre. D'autres sont élevés par une mère seule après une union avec un papa secondairement en couple avec un compagnon. Je dois dire qu'avec beaucoup de courage, les homosexuels qui ont besoin

1. Il s'avère qu'en 1999, 0,3 % des couples était constitué de deux personnes de même sexe déclarant une vie en couple, à quoi s'ajoutait 0,6 % d'« amis » de même sexe qui ne se disaient pas explicitement en couple mais en constituaient vraisemblablement un (Digoix, Festy, Garnier, 2004 ; Festy, 2006). Au total, les couples corésidents de même sexe avoisineraient 1 % du nombre total des couples, chiffre analogue à celui des pays voisins. En posant qu'un couple de même sexe sur dix vit avec des enfants et que ces couples ont en moyenne deux enfants (à l'instar des couples de sexe différent), P. Festy aboutissait en 2005 à une estimation situant le nombre d'enfants résidant avec un couple de même sexe dans une fourchette de 24 000 à 40 000, la grande majorité vivant avec un couple de femmes.

2. 28e rapport sur la situation démographique de la France 1999, données 1997.

de transmettre la vie à un enfant réussissent à ouvrir le chemin de nouvelles familles. Nous verrons comment l'enfant nous pose directement la question de son papa, et comment aider ces parents à trouver leurs réponses en tenant compte de l'âge des petits.

Sans géniteur connu

Il y a tellement de nourrissons sans père à l'heure actuelle que, devant le nourrisson en première visite, j'évite de demander où est son père. Dès 3 mois ! Il naîtrait 20 000 enfants de père inconnu aujourd'hui (seulement 15 000 dans les générations précédentes). On peut penser que ce chiffre baissera avec la possibilité de rechercher son père et de l'identifier par son ADN. Le nombre d'enfants adultérins était estimé en France dans les années 1970 à un nouveau-né sur dix (raison pour laquelle le groupage sanguin n'est pas pratiqué sans raison médicale particulière lors de la prise de sang chez le nouveau-né). Dans la famille patriarcale, il n'y avait pas à s'interroger sur le géniteur. Ces enfants avaient autrefois un « papa » du quotidien. Le mariage apporte la garantie à l'enfant d'être reconnu par l'époux, considéré comme le père légitime depuis la Rome antique.

Ce nombre d'enfants adultérins a baissé depuis l'accès à la contraception, il est estimé aujourd'hui à 3 %. L'inquiétude des pères quant à leur filiation peut aujourd'hui trouver une réponse dès douze semaines de grossesse par une simple prise de sang, et l'on devine les pressions exercées alors sur la future maman pour ne pas garder l'enfant : dans certains pays comme la Belgique, l'interruption volontaire de grossesse peut être pratiquée jusqu'à quatorze semaines ! Même si la recherche de paternité suppose en France une procédure juridique, celle-ci est souvent détournée au moyen d'Internet. Lorsque la grossesse est le fruit d'une simple liaison, beaucoup de femmes sont encore réticentes à exiger une reconnaissance de paternité par l'homme, de crainte de devoir partager l'éducation de l'enfant avec un quasi-inconnu. Ainsi sommes-nous amenés à suivre l'enfant d'une femme qui a procréé sans connaître le géniteur-donneur de sperme, ou sans que le géniteur veuille être connu, ou qui aura été abandonnée pendant la grossesse ou dès les premiers mois, et définitivement sans signe de vie du géniteur. Malgré les tests de paternité, malgré l'importance de la transparence dans la recherche des origines, le nombre d'enfants nés officiellement de père inconnu augmente.

Quant aux enfants nés d'un don de sperme, beaucoup posent de façon lancinante la question de leurs origines. Ils sont de plus en plus nombreux car l'infertilité masculine croît. L'Institut européen de bioéthique fait état d'une hausse de celle-ci dans certains pays occidentaux, due notamment aux perturbateurs endocriniens de l'environnement, bisphénol A ou résidus de la contraception féminine présents dans les eaux, par exemple. Le besoin de don de sperme est donc plus que jamais d'actualité. La loi bioéthique a maintenu l'anonymat par crainte de voir se raréfier les dons. Membre de la commission de bioéthique qui a préparé la loi, j'ai pu auditionner à l'Assemblée nationale les enfants nés de dons anonymes : pour certains, connaître leur géniteur est une revendication existentielle. Que leur a-t-on dit – ou pas dit – depuis leur naissance ? Ils ont un géniteur, puis un père officiel de naissance, qui sera souvent un papa formidable... à moins que, par l'effet d'une séparation, la blessure narcissique de la famille paternelle ne réactive la douleur : « Ce n'est pas mon fils (ma fille). » Nous verrons comment essayer de prévenir ces souffrances, mettre de l'ordre dans la généalogie de ces enfants dont le concept de père est éclaté en mosaïque...

Le nombre de « sans-papa » croît encore plus vite aux États-Unis...

Vingt-quatre millions d'enfants aux États-Unis vivent sans leur père biologique. Entre 1970 et 1995, le nombre de familles monoparentales a doublé aux États-Unis. De 1970 à 2009, la proportion d'enfants de moins de 18 ans vivant avec deux parents mariés a décru régulièrement. En 2008, 16 millions d'enfants vivaient avec une mère seule, un quart des enfants, ce qui est le taux le plus haut dans le monde.

Le taux de naissance d'enfants de femmes non mariées est, lui, passé de 5,5 % en 1960 à 32,2 % en

1995 et 40,6 % en 2008[1]. Le nombre d'enfants nés hors mariage a été multiplié par 500 % avec la dernière génération[2]. Les États-Unis ont un modèle de société qui annonce le plus souvent les changements à venir en Europe, et c'est bien ce que l'on constate, lorsque l'on voit l'évolution du nombre d'enfants sans papa en France.

1. La proportion d'enfants vivant avec une famille monoparentale (mère seule) a augmenté quant à lui de 11 % en 1960 à 24 % en 1995, puis 23 % en 2008.

2. Voir le site Dialogue Dynamics.

Chapitre II

Des enfants sans papa de plus en plus jeunes

Les enfants concernés par le divorce de leurs parents sont de plus en plus jeunes, on l'a vu. Il y a peu, c'étaient les instituteurs d'école primaire qui témoignaient de cette réalité sociétale. Désormais, ce sont les instituteurs de maternelle et même les directrices de crèche qui nous en parlent.

La période critique pour votre union : deux enfants dont un de 2 ans

Autrefois, on parlait des sept ans comme de la date critique du mariage. Aujourd'hui, la moitié des enfants de parents séparés ont moins de 7 ans lors de la séparation. C'est au moment où votre deuxième enfant atteint ses 2 ans que votre couple court le plus de risques de césure conjugale. Plusieurs raisons expliquent ce constat :

— *Vous vous unissez plus tard.* Il y a quinze ans, une femme avait 27 ans lors de son mariage ; en 2009, elle en avait 30. Son époux aussi se marie avec trois ans de plus qu'il y a quinze ans, en moyenne à 32 ans.

— *Vous avez un grand désir d'enfant*, pièce maîtresse pour la réalisation d'une vie. Depuis que Françoise Dolto a valorisé le bébé comme une « personne » à part entière, c'est la plus belle aventure d'une vie. Ainsi, une Française fait en moyenne deux bébés quand une Allemande n'en aura que « 1,37 » et une Japonaise « 1,40 ».

— *Vous ne voulez pas que votre aîné soit enfant unique*, alors vous faites rapidement un petit deuxième.

Or nous avons vu que votre couple se séparait le plus souvent au bout de cinq ans. Voilà deux enfants en bas âge dont l'un a à peine 2 ans, et qui devront comprendre où est leur papa – car 95 % des 0-2 ans de parents séparés vivent avec leur mère.

On a jusqu'à aujourd'hui très peu étudié les effets du divorce sur les enfants de moins de 2 ans. Voyons donc ce qu'ils vont en comprendre, en vivre, en retenir...

Papa s'en va quelques mois après la naissance

Ce qui est le plus étonnant, c'est le nombre de bébés qui ne sont plus élevés par leurs deux parents alors qu'ils viennent à peine de naître. Le plus souvent, ils ont été désirés par leurs deux parents mais un malaise s'installe vite dans le couple qui ne communique plus. L'homme fuit les couches et les tétées, il ne trouve plus sa place, devient froid et évitant. La mère ne le reconnaît plus et c'est souvent elle qui prend l'initiative de la séparation, mais nous verrons à quel prix psychique pour le trio, et les raisons pour lesquelles les jeunes parents d'aujourd'hui ne sont pas préparés aux bouleversements que suppose l'arrivée d'un bébé.

Papa s'en va pendant la grossesse

Mon maître Serge Lebovici, éminent pédopsychiatre qui a tant écrit[1] sur la naissance de l'attachement entre la mère et le bébé, s'alarmait déjà il y a plus de dix ans sur le nombre de mères seules pendant leur grossesse. On aurait pu penser qu'avec l'accès à la contraception toutes les grossesses seraient voulues et que, dès lors, le futur père serait plus attentif. Mais le désir d'enfant est ambivalent.

Vous pouvez avoir désiré ensemble, fortement, un enfant, avoir vaincu les étapes complexes de la procréation médicalement assistée... et vous séparer dans la foulée de l'arrivée de l'enfant ! Est-ce de la panique devant la femme qui se transforme en mère ? L'usure après un parcours si contraignant ? Le nombre de femmes, mères grâce à la fécondation *in vitro*, qui se retrouvent seules est de plus en plus marquant.

La contraception étant maîtrisée par la femme, le désir n'est d'ailleurs pas toujours partagé. Le bébé a

1. Voir notamment *En l'homme le bébé*, Flammarion, 1994 ; *Nouveau Traité de psychiatrie de l'enfant et de l'adolescent*, PUF, 2004.

pu être désiré par elle, pressée par son horloge biologique, alors que l'homme n'était pas dans cet engagement. Elle a pu croire que le futur bébé le retiendrait, et ce fut le contraire. « Elle me l'a fait dans le dos », disent alors les pères, et j'entends, en miroir, le même désarroi, lorsque toute jeune, avant la pilule, on disait d'une de mes amies de lycée : « Elle s'est fait engrosser un soir de surprise-partie. » Maintenant, ce sont les hommes qui se sentent piégés...

Et puis il y a toutes ces adolescentes enceintes. Avec les cours de biologie en troisième, l'accès à la contraception, aux préservatifs, à la pilule du lendemain gratuite en pharmacie, avec l'accompagnement des jeunes filles par les infirmières des lycées, les dispensaires de planning familial, les gynécologues accessibles en première intention, on s'étonne qu'il y ait toujours autant de grossesses adolescentes[1]... Si l'on peut progresser encore dans l'accès à la contraception, avec des consultations possibles sans l'intervention des parents, on n'empêchera pas ces jeunes filles à peine pubères d'espérer, souvent inconsciemment, stabiliser leur vie affective avec la venue d'un bébé, remplir ainsi leur corps en manque d'amour.

1. Cette proportion se définit comme le nombre de naissances chez les adolescentes sur le nombre total de naissances pour un pays donné. En France ce chiffre a beaucoup baissé entre 1976 et 1992, passant de 3,6 % à 1 %. Depuis dix ans, il se maintient aux environs de 0,85 %. Dans notre étude en Seine-Saint-Denis il est en légère augmentation puisqu'il est passé de 1,9 % en 1998 et à 2,3 % aujourd'hui, du fait d'un recrutement particulier. En France, en 1997, on a enregistré 6356 naissances chez des mères de 18 ans ou moins, dont 954 pour des moins de 16 ans (communication de Michèle Uzan, hôpital Jean-Verdier, Bondy, JTA 2004).

L'on ne dira jamais assez la solitude extrême de la plupart d'entre elles, pouvant les conduire à l'abandon de l'enfant.

« Un enfant quand je veux, si je veux » était un magnifique slogan, mais pour maîtriser sa procréation, la prise d'une petite pilule ne suffit pas, on le constate aujourd'hui...

Papa s'en va dès l'annonce de la grossesse

« Je vous préviens, il n'a pas de père ! » Combien de fois ai-je entendu cette phrase ces dernières années, alors que la jeune mère installait son nouveau-né sur le lit d'examen. Pas de père ? Une fois le contact établi par l'examen du bébé, je fais juste remarquer qu'il y a bien eu une histoire au départ. Feriez-vous partie de ces femmes dont on dit qu'« elles font un bébé toutes seules » ? C'est en fait très rare.

Au-dessus du petit visage vagissant qui semble ne rien comprendre mais capte les émotions qui planent, nous devons d'abord revivre l'histoire. Car son arrivée dans notre monde s'inscrit sous des auspices différents selon que vous avez vraiment eu le projet de l'élever seule, ou que vous avez renoncé, dans un deuxième temps, à rester avec son géniteur. Bien sûr, parfois, l'âge venant, vous avez accepté un rapport passager avec un homme que vous n'avez pas eu envie de revoir... Vous vouliez un bébé, pas toute seule, mais vous n'avez pas trouvé le bon compagnon pour l'élever. Alors vous avez eu une brève liaison et n'avez pas informé le géniteur.

Nous ne dirons pas les mêmes mots à cet enfant qu'à celui né d'un homme choisi dans l'espoir de vivre ensemble. Vous l'auriez vraiment voulu comme papa, mais il a rompu dès la nouvelle de la grossesse : « Non ! Ce n'est pas possible ! Je ne veux pas de cet enfant ! » Que de reproches alors autour de cette attente, que de pressions pour que vous ne le gardiez pas malgré votre projet. Beaucoup de ces futures mères rassurent alors l'homme sur leur désintéressement futur, tout en disant leur détermination à garder cet enfant. Que saura-t-il, que devinera-t-il d'un père qui a voulu qu'on avorte ?

Dans un cas comme dans l'autre, la situation est de plus en plus fréquente en maternité, à tel point que les équipes hésitent à demander : « Où est le père ? »

Les « deuxièmes papas » s'en vont aussi

Le nouvel enfant d'un nouvel amour n'a pas moins de risques de voir ses parents se séparer, nous t'avons vu. Pour ces parents échaudés par leur premier drame, par la solitude qui a suivi, par le sentiment qu'ils ont eu du mal-être de leur petit... Eh bien, non, ils répètent, comme une fatalité... Les re-séparations sont fréquentes, même après une nouvelle naissance. Et rares sont les enfants nés d'une première union qui continueront de voir leur beau-père.

Dans cette famille qui s'est alors terriblement complexifiée, il faudra trouver le moyen de clarifier la pensée : qui est le papa de qui, entre les frères, les demi-frères, les quasi-frères (ceux ainsi dénommés par les allocations familiales, qui vivent sous le même toit mais n'ont aucune cellule en commun)... ? Comment va se construire l'image paternelle pour l'enfant du « premier lit », mais aussi par rapport à celui du nouveau ? « Où est mon papa ? » mais aussi « où est mon ex-beau-père ? »

Chapitre III

Les causes de cette fragilité nouvelle des couples

Des enfants pourtant « désirés »

Comment autant d'enfants, dont la naissance est aujourd'hui désirée et programmée, peuvent-ils connaître de plus en plus jeunes la séparation de leurs parents et, le plus souvent, le départ de leur papa du toit familial ? Contrairement à ce que beaucoup pensent, le désir d'enfant n'est pas la garantie de durée du couple, puisque cette séparation peut survenir même après une procréation médicalement assistée, cinq ou six tentatives de fécondation *in vitro*, avec toutes les contraintes que cela représente. Internet regorge de témoignages de séparation précoce après le parcours de FIV : « Je suis en tout début de séparation et de divorce, et je ne parviens pas à faire face pour l'instant, même si je sais que l'on ne pourra pas continuer puisqu'il dit ne plus m'aimer. On a un enfant de un an que l'on a eu après plus de cinq ans de PMA ! », « Première PMA, nous avons été soudés comme jamais. Deuxième PMA, j'ai l'impression qu'elle est responsable de notre séparation. Et pour un ami très cher, pour lui aussi, tout a changé dans sa relation après la PMA. Est-ce dû à la PMA ou à l'arrivée d'un enfant ? L'arrivée d'un bébé est perturbante pour un couple, mais je n'arrive pas à croire que l'on ne peut pas se comprendre, après tout ça ! » ; « Je crois que ce qui nous arrive est assez courant, on se perd de vue pendant les traitements. Le bouleversement de l'arrivée de bébé nous fragilise, comme pour tous les couples, sauf que la PMA est déjà passée par là... »[1].

Que ces parents se rassurent, ces doutes existent aussi chez les couples qui se lancent dans l'adoption, qui font face au parcours du combattant durant des années puis n'arrivent pas à rester unis. Pourquoi une telle fragilité du couple après tant de préparation, si étrange pour toute analyse rationnelle ?

Corinne était venue fièrement m'annoncer son remariage. Après beaucoup d'années consacrées à sa carrière, elle avait enfin trouvé un compagnon amoureux, très désireux d'une vie commune. Les bans du mariage étaient publiés et la cérémonie organisée. Elle venait me le présenter, lui-même père de deux filles d'une première union. Ils se montraient si heureux de la nouvelle vie qui se dessinait en famille recomposée. Tous deux me disaient désirer rapidement un bébé. Et puis, quand elle lui annonça qu'elle attendait le bébé, l'homme fut soudain

1. Témoignages sur le site Doctissimo, 17 août 2007.

pris de vertige... Il annula la cérémonie des noces et lui demanda de ne pas garder l'enfant. Pour elle, il n'était pas question de ne pas donner cette vie, elle avait voulu cet enfant, de cet homme – qui s'était engagé ! Elle le porta, mais vécut la première partie de sa grossesse sous la pression du futur père comme de la belle-famille pour ne pas garder le bébé. Lorsque son état devint clairement irréversible, un déni total de projet paternel s'affirma, le silence prévalut pendant le deuxième semestre. Elle accoucha seule. L'homme reconnut cependant le futur bébé avant la naissance puis se manifesta comme un père séparé.

Aujourd'hui, il prend son enfant un week-end sur deux. Cette mère se retrouve donc à nouveau en famille monoparentale, avec une adolescente d'une première union et un petit de 2 ans. C'est une femme très courageuse qui se bat pour gagner sa vie et élever dignement ses enfants. Mais voilà un homme qui, après avoir affirmé un désir d'enfant et voulu se marier officiellement, a été saisi soudain d'une impossibilité à assumer la venue du bébé.

J'ai rencontré si souvent, dans ma pratique, ces hommes pris de peur, incapables de se sentir pères, même en ayant apparemment adhéré au projet d'enfant. Ces hommes en viennent à ne plus toucher leur femme pendant la grossesse : « Déjà que je complexe parce que j'ai des vergetures, alors mon homme qui ne me touche plus, c'est le pompon[1] ! » Devant le changement de leur comportement, leur compagne espère souvent qu'il s'agit d'humeur passagère et que la prise de conscience devant le ventre qui s'arrondit, le cœur qui bat à l'échographie, forcera le sentiment paternel. C'est un pari très risqué, je pense à tous ceux que je vois arriver à l'âge adulte sans père, alors qu'ils avaient été si désirés !

C'est bien souvent pour consolider son couple que l'homme accepte de procréer. Pressé par une jeune femme qui sait que sa fécondité est amenée à baisser, ou qui veut un deuxième enfant pour étendre la fratrie, il se laisse entraîner alors qu'il n'est pas toujours prêt. En général, il espérera garder sa place, organiser une certaine liberté en faveur du couple, mais c'est compter sans l'extrême vitalité du tout-petit. Le désir d'enfant était donc au départ faiblement partagé.

Et puis il y a aussi les situations où seule la femme veut un bébé : l'amant a une vie conjugale ailleurs avec des enfants, pour laquelle il n'est pas prêt à la rupture, même s'il savoure cette liaison, parfois régulière, prolongée en une double vie. Combien d'entre vous m'ont dit espérer les faire changer d'avis en étant enceintes. Mais beaucoup ne se décident pas. Ils se plaignent de leur épouse à leur maîtresse, mais avoir deux foyers leur donne une certaine liberté que l'enfant leur prendrait.

1. Témoignage sur le forum aufeminin.com

Colombe n'a jamais vu son papa qu'entre deux trains depuis qu'elle est petite. Il a sa famille officielle dans une grande ville de province dont il est l'un des notables, et il se cache pour venir voir sa maîtresse et sa fille à Paris. Elle ne doit pas porter son nom. Elle sait qui est son papa, mais ne doit pas le dire. Ni demander quand il viendra. Que comprend-elle à l'histoire ? Comment lui en parler ? se demande la mère, qui ne veut pas bouleverser l'équilibre de l'homme, mais craint le poids des non-dits sur Colombe.

Ce refus d'assumer les conséquences de relations amoureuses qu'ils voulaient limiter au sexe non procréatif devrait toujours entraîner chez les hommes un travail psychologique sur eux-mêmes, avant de prendre le risque, par un rapport non protégé, de générer une vie sans père déclaré ou assumé. Un homme peut tout à fait ne pas être prêt à ce que sa maîtresse devienne mère, mais il faudrait apprendre aux jeunes garçons dès l'adolescence que dans le cas où la contraception relève de l'initiative féminine, le rapport sexuel peut rencontrer le désir d'enfant. Si une femme est mue par ce désir, tout son corps le ressent, elle peut avoir des oublis involontaires de pilule, traduisant des actes manqués inconscients. Faire l'amour à une femme, c'est faire l'amour à un être de désir. Si l'homme entretient une liaison régulière avec une partenaire dont la fertilité décroît avec l'âge, il peut s'attendre à une contraception « inefficace». C'est à lui de se protéger s'il ne veut pas risquer l'annonce d'une grossesse. On ne peut pas juste demander loyauté et fiabilité à une femme, en la laissant avancer en âge dans une relation lui interdisant tout espoir de bébé. Certains hommes choisissent de rompre la liaison lorsqu'ils pensent qu'elle empêche l'épanouissement de la femme désirant un enfant. Ceux-là font preuve de maturité. Ceux qui se plaignent qu'«elle leur a fait un enfant dans le dos» doivent comprendre que la responsabilité est partagée, dans le respect que l'on doit aux femmes, qui ne sont pas seulement des corps. À partir du moment où l'homme a une relation sexuelle avec une femme, ou bien il est clair sur son absence de désir d'enfant et se protège par un préservatif, ou bien il sait qu'il prend le risque que le désir d'enfant l'emporte sur la sagesse.

Peut-être est-il ambigu lui-même, prêt à laisser l'enfant venir mais ne voulant pas en prendre sa charge psychique encore plus que matérielle ? Souvent l'homme aime sa compagne pour ce qu'elle a de femme voire d'enfant, il aime la séduire et se sentir son protecteur, la sentir toute à lui, dans une psychologie encore immature ; il a lui-même besoin d'une femme qui soit alternativement sa maman et son enfant. Il aura pu accepter «pour lui faire plaisir» le parcours du désir d'enfant et de la grossesse, puis être comme pris de vertige devant le changement de statut de cette femme dont le corps se transforme, dont le psychisme se tourne vers le dedans, qui entre dans la préparation de la naissance. Il peut ne plus la reconnaître, ne plus se reconnaître dans son désir, se sentir déposséder au point qu'il l'abandonnera en pleine grossesse. Pour ne pas laisser un enfant sans père, l'amoureux qui prend des risques devrait faire le point sur ses émotions avec un psychologue, une personne neutre et compétente pour connaître son état psychique dans la relation et, si la femme est enceinte, aider l'homme à s'engager lui-même dans un chemin responsable...

Car aujourd'hui cet homme ne pourra pas nier ensuite être le père. Si la femme le désire, elle pourra en demander la preuve par des tests ADN. Ces tests, qui permettent l'affirmation de la paternité, ne sont autorisés en France qu'à la condition d'être ordonnés par un juge. Il faudra alors qu'il y ait bien un intérêt pour l'enfant. Mais beaucoup de parents procèdent aujourd'hui à des tests de paternité sauvages, par Internet ou dans les laboratoires de pays étrangers, qui permettent aux pères en particulier d'avoir la conviction que c'est bien leur enfant. On avance même vers des tests sanguins en cours de grossesse, qui pourront vérifier la paternité par une simple prise de sang de la mère. Cette démarche peut entraîner l'engagement de certains hommes mais risque aussi de créer une pression sur les femmes, un climat de suspicion. La paternité établie, ou le doute préféré, quel message sera délivré à l'enfant ? Quand il demandera : « Où est mon papa ? », que pourra-t-on lui répondre ? Qui, dans l'entourage, aura eu accès aux confidences et risquera de prononcer des paroles toxiques ?

Pierre a connu Amélie alors qu'elle était déjà enceinte, après deux rapports rapprochés l'empêchant de savoir vraiment qui, de ces deux amants aujourd'hui lointains, est le père. Très amoureux de cette femme charmante, Pierre décide de l'épouser et de reconnaître Cynthia dès sa naissance. Un petit garçon naîtra ensuite du couple. Amélie connaît une réussite professionnelle qui rend Pierre irritable, le malentendu s'installe entre eux, elle demande une séparation mal acceptée par son mari. Divorcé, il organisera des fuites pour que Cynthia ait des doutes sur son géniteur, non qu'il veuille renier l'enfant qu'il aime, mais pour blesser la mère, son amour perdu. Combien l'enfant aura-t-elle alors de « papas » dans la tête, spermatozoïdes qu'on dit de l'un, de l'autre, père sur l'état civil mais qui se dédit ? Quelle vérité doit lui en être dite ? Par qui ? Qui aura été au courant ?

Nous verrons comment les mots qui blessent doivent être évités pour laisser ouvertes les retrouvailles avec le « papa », l'homme de cœur. Car si l'homme n'est pas toujours en possibilité d'assumer un rôle paternel à certaines périodes de sa vie, il peut avoir une révélation le rapprochant de son enfant quelques années plus tard. La mère comme la famille doivent prendre garde de ne pas jeter l'anathème sur cet homme qu'on pourrait dire irresponsable puisqu'il a aimé la mère, souvent désiré un enfant, ou reconnu l'enfant, avant de le refuser ou de le renier. Alors, dépitées, déçues par ce reniement d'une relation dans laquelle elles se sont investies affectivement, bien des femmes préfèrent ne pas donner la moindre chance de retour au père. Elles ne demandent ni reconnaissance de paternité ni subsides pour ne pas avoir à partager l'éducation de leur enfant avec celui qu'elles n'en jugent pas digne. « Je préfère, si on se sépare, que ce soit définitif, il n'y aura plus de retour en arrière, c'est déjà trop dur. Impossible d'y croire à nouveau et d'avoir confiance ! » proclame Bénédicte. Oui, mais il ne faut pas mélanger les émotions amoureuses et l'investissement paternel. Il est le père, et attention au retour de bâton à l'adolescence dans la relation mère-enfant sans papa... Comprendre que certains hommes ne sont pas en possibilité d'assumer un rôle paternel à certaines périodes de la vie laisse beaucoup plus la porte ouverte à une relation future avec le père. Le paradoxe est qu'un père ayant manifesté son désir d'enfant peut quitter la mère et l'enfant dès la naissance voire pendant la grossesse, alors qu'un homme refusant même l'idée de paternité et auquel on aura « forcé la main » peut ensuite devenir un père très investi et attentif.

Le sentiment de honte chez un homme ouvre à un risque fort de ne plus donner de nouvelles. Mieux vaut se dire que son passé psychique l'a amené à ne pas pouvoir assumer cet enfant même s'il en avait exprimé le projet ou pris le risque de sa conception. Dans cet état d'esprit, on saura mieux parler à l'enfant de son papa.

Plus rarement, la séparation précoce, après un désir partagé d'enfant, peut venir de ce que la femme ne se sent plus perçue en tant que mère : l'homme désire l'enfant dans le déni de la femme. Il ne semble plus se préoccuper que de la santé de l'enfant, vient alors à toutes les consultations prénatales puis chez le pédiatre, mais très vite le couple se délite. Elle fera une dépression grave, et lui s'installera dans une hyper-paternité. Ce syndrome de l'hyperpaternité existe, je l'ai rencontré chez cet homme qui venait avec une femme très fine, très jolie, d'une élégance recherchée, fourrures, bijoux et talons très hauts, pas forcément simples à porter quand on a un petit bébé ! Le père prenait toujours l'ascendant pendant les consultations, se préoccupait avant tout de son fils. Lorsque la mère revint seule pour me dire qu'ils s'étaient séparés, elle me confia que, malgré des efforts épuisants pour se montrer femme, elle avait une impression du déni total de son identité. Elle avait beaucoup maigri. Grâce à l'aide d'un psychologue, elle put trouver la force de la séparation. Le conflit apaisé, la séparation fut relativement paisible, le père prenant volontiers le petit, avec une aide ; la mère, heureuse de le laisser exercer sa paternité, retrouva une féminité apaisée. Cet homme voulait un bébé plus qu'il ne voulait cette femme.

Le désir d'enfant ne se résume pas à la décision ou non d'une contraception : il est complexe, fluctuant, vécu différemment par l'un et l'autre, réactivé ou étouffé par les scènes vécues dans l'enfance, source d'extase et de vertige... Les enfants d'aujourd'hui ainsi « désirés » ne garantissent absolument pas la pérennité du couple. Mais lorsque l'enfant paraît, comment répondre à son questionnement ?

Des « enfants rois » briseurs de couple ?

« Nous l'avons laissé prendre le pouvoir, nous couper la parole, venir dans notre lit, nous nous sommes épuisés à faire tous ses caprices, et maintenant, on ne sait même plus se parler entre nous ! » me dit Marie. À notre époque où l'on a conscience que « le bébé est une personne », qu'avoir un enfant est la plus grande aventure de la vie, la plus gratifiante en ces temps de bouleversements historiques de toutes les sociétés, le projet d'enfant est chargé d'un fort investissement affectif. Ne pas en avoir est ressenti comme un manque existentiel cruel. L'importance de ce projet pour toute une vie, la lucidité sur les conséquences de nos comportements pour le développement du jeune enfant font de son éducation un enjeu fondamental pour le père comme pour la mère. Tous les compromis que suppose la vie de couple prennent une dimension exponentielle.

Combien de fois entend-on : « Il faut couper le cordon ! » en invitant le père à jouer son rôle de « séparateur ». Le bébé se pense ne faire qu'un avec sa mère, et l'enfant rêvera longtemps de faire couple avec elle. Le père, par l'expression de son amour pour sa femme, aide l'enfant à résoudre son complexe d'Œdipe. Tout cela est connu des jeunes couples, répété à l'envi par l'entourage, dans la famille comme au bureau... Mais nous sommes toujours trop pressés : le complexe d'Œdipe se résout entre 4 et 5 ans. Auparavant, l'enfant ne fait tellement qu'un avec sa mère qu'il (ou elle) est convaincu d'attendre un bébé dans son ventre quand elle est enceinte du deuxième. Il vous assure que le bébé bouge ! Pourtant, il ne le cherchera pas à la naissance, c'est le sien qu'il attendait. Il est alors bien absurde de vouloir le forcer à se séparer d'elle. Entre 4 et 5 ans, cela se fera tout naturellement.

La grand-mère de Lucie, qui avait souvent gardé la petite dans la journée, s'impatientait de l'avoir une semaine avec elle à la campagne. Quand la petite eut 3 ans, le père me demanda si je ne pouvais pas encourager la maman à se séparer d'elle quelques jours pour aller chez sa grand-mère, qui voulait permettre au jeune couple de se retrouver. Je lui répondis : « Il n'y a pas d'âge pour cela, tout dépend des enfants, de l'alchimie entre les familles... Attendez que votre femme soit prête, et cela viendra tout naturellement. » À 6 ans, Lucie resta une semaine chez sa mamie, puis bientôt trois semaines, puis suivirent, à un âge plus jeune, Jennifer et Charles. La grand-mère savait dès lors qu'il fallait faire confiance, attendre sa belle-fille, elle a été bien récompensée par ce respect du ressenti maternel. Pousser son fils à forcer la séparation trop précocement aurait pu provoquer une crise de couple.

Le « cododo », partage du lit parental, vous y cédez presque tous une nuit de grande fatigue quand l'enfant se glisse dans votre lit avec son doudou. C'est l'un des points de fixation les plus fréquents dans les crises de couple, qui justifie le départ du père au salon et bientôt hors de la maison. Pourtant, dans la plupart des sociétés, sous la paillote comme sous la case, l'enfant dort avec ses parents. Certes ils n'ont pas le même rythme de vie dans la journée, mais on peut comprendre par cette observation que l'enfant n'est pas génétiquement programmé pour dormir tout seul. Lui le laisse pleurer, elle va le chercher, ou l'inverse. Elle va s'allonger sur un matelas près de l'enfant ; le père migre sur le canapé, rentre de plus en plus tard, la césure est prête. Très critiquée aujourd'hui, la mère se trouve écartelée entre les préceptes sociaux et les besoins de son enfant ; le père, quant à lui, entend mon confrère Aldo Naouri le rappeler à son devoir de séparateur, ses collègues de bureau le mettre en garde contre une compagne trop « fusionnelle », « possessive » : les ingrédients sont là pour que germe l'idée de la séparation...

Un jeune enfant est extrêmement fatigant et met à mal le quotidien du couple. La curiosité est son devoir d'enfant, il faut qu'il apprenne comment fonctionne la planète sur laquelle il devra vivre cent ans, c'est un explorateur fébrile. Il est donc normal qu'il s'impatiente au restaurant, soit intenable dans le train ou lors d'une réunion d'amis ne lui offrant aucun centre d'intérêt. Le petit tire le pantalon de son père, qui sort son téléphone et lui présente quelques jeux pour le faire patienter. « Vous lui passez tout ! » s'exclament les amis. Le père se croit obligé d'élever la voix, l'enfant hurle, il part le consoler dans la chambre et la compagnie se fait fort de prédire les pires problèmes avec ce « petit tyran ». Le mot est lâché, peur de tous les parents aujourd'hui. Tout est en place pour une bonne crise de couple : « Tu devrais être ferme », « Tu ne devrais pas céder... » Les occasions ne manquent pas aux donneurs de leçons pour créer des situations conflictuelles entre les jeunes parents à propos de l'éducation des enfants. Ainsi du « bonjour » exigé avec force à l'encontre du petit dont la pudeur empêche le mot de sortir de sa bouche. On aura beau jeu de faire passer la psychanalyste Françoise Dolto, qui défendit si bien les enfants, pour une faiseuse d'enfants rois quand elle disait, à propos d'une petite fille timide : « Ne lui demandez plus jamais de dire bonjour; n'attachez pas d'importance à ce qu'elle fait, sauf en ce qui concerne ses besoins stricts. De votre côté, vous lui direz bonjour, vos amies aussi, si elles le veulent, mais ne lui demandez pas de répondre. Cela représente, je le sais, un peu de courage de votre part, car vous avez peur que vos amies la croient "mal élevée". Mais que vaut-il mieux ? Une enfant mal stylée jusqu'à 2 ou 3 ans et qui se développe ensuite de son plein gré quand vient l'âge social, ou bien une enfant "chien savant" qui minaude des bonjours et imite les adultes non point naturellement, mais pour leur faire plaisir[1] ? » Tous les jours, je

1. *Les Étapes majeures de l'enfance*, Folio, 2008.

vois des petits qui se renfrognent devant l'exigence du « bonjour » et plus tard des adultes si peu avenants en France... alors que les Américains trouvent étonnante notre exigence envers les enfants, tandis qu'eux ne manquent pas de dire : *Hi !* On ne les a jamais forcés petits mais ils ont naturellement imité les grands ! Méfions-nous donc de cette idée qu'il faut imposer des comportements à l'enfant pour le conditionner tout petit. Comme cela ne fonctionne pas, c'est le plus sûr moyen de créer un malentendu grave dans votre trio !

Les conseilleurs qui exhortent les parents à contenir trop tôt l'appétit de découverte de leur enfant déstabilisent le couple. Le discours d'une société hantée par la mise prématurée de limites est extrêmement contradictoire avec les besoins de l'enfant. Intimer aux parents de « sévir » avant 3 ans fait bien sûr écho, chez un père lassé des colères du soir ou pour une mère qui trouve son compagnon trop faible... D'autant plus que, selon votre proximité avec l'enfant, selon votre sensibilité, vous serez vite déchirés : l'un cherche à s'imposer, l'autre à répondre au désarroi du petit. Les désaccords du couple sur la manière dont il faudrait s'y prendre créent des tensions qui viennent souvent s'apaiser lors des entretiens psychologiques. Combien de consultations sont centrées sur ces débats intrafamiliaux ! Et comme le climat autour de l'enfant s'apaise quand les parents comprennent et deviennent sereins...

Les tensions sont donc accrues aujourd'hui sous la crainte prématurée de l'enfant roi. Inutile d'espérer mettre des limites à l'appétit de découverte chez un enfant de moins de 3 ans. Si vous cherchez à persuader un tout-petit de jouer tout seul alors qu'il a besoin que vous mettiez du sens dans ses jeux, alors ce sera pire : les colères envahiront l'enfant, à cet âge où le cerveau immature a du mal à maîtriser les humeurs, à sortir d'un « caprice » dont l'enfant ne sait même plus le point de départ. C'est au contraire en vous laissant guider vers ses centres d'intérêt, en étant disponible à sa recherche de sens, que vous le nourrirez de vos valeurs, de vos mots. Vous lui transmettrez votre grille de lecture sur le grand monde dans lequel il débarque. Oui, dans ces deux premières années que les Américains qualifient de *terrible twos*, les parents rentrant d'une journée de travail sont extrêmement sollicités. Il veut toucher des objets interdits ? Ne vous disputez pas pour savoir s'il faut « sévir » ou juste surveiller. « Si pour toutes les tâches dangereuses l'enfant est accompagné de la parole et du geste, vous le verrez devenir extrêmement prudent, très industrieux en famille et ne presque plus avoir d'accidents », disait encore Françoise Dolto[1].

Alors, il n'aura pas de limites ? Si, et le rôle du père sera non d'essayer de le convaincre en force mais de dire son amour pour vous. Françoise Dolto ajoutait : « L'âge du touche-à-tout est très important. L'enfant de 14 à 18 mois apprend alors, assisté par sa mère (et Dieu sait que c'est fatigant, surtout quand elle est enceinte du suivant !), à connaître les choses. À ce

1. *Les Étapes majeures de l'enfance*, *op. cit.*

moment, il ne faut pas que l'enfant se sente dans un monde où "le père-est-dans-tous-les-meubles". Le père, en effet, représente pour l'enfant la loi à laquelle se heurtent ses désirs. C'est la personne qui lui retire maman, c'est-à-dire la sécurité du contact avec lui-même. » Le grand malentendu vient du calendrier : l'entourage, la société influencent trop le père à contester le ressenti de la mère pour les besoins de son enfant. Or, il faut le dire, jusqu'à 3 ans, l'enfant a énormément besoin d'attention : plus vous lui en donnerez, plus il sera, pendant ces premières années, votre petit roi digne de tous vos égards, moins il deviendra ensuite un tyran ! Il aura engrangé vos attentes et vous serez inscrits dans sa conscience comme un petit Jiminy Criquet ! On ne doit pas parler d'« enfant roi » avant 3 ans !

Trop d'enjeux sur la vie des femmes ?

Les jeunes femmes d'aujourd'hui deviennent de formidables amazones : regardez-les juchées sur leurs talons de seize centimètres, la mèche sauvage mais si travaillée, leurs sacs transformés en immenses réceptacles de tous leurs enjeux, de la Pampers à l'iPad, le trousseau lourd des clés de la voiture et de la maison de belle-maman... elles sont libres ! Libres de concevoir bébé ou pas (nous ne sommes plus au temps où l'homme les « engrossait »), libres de garder bébé ou pas, libres de rechercher son géniteur ou pas, libres de gagner leur vie, libres de se séparer, libres de dénoncer les violences conjugales, libres d'allaiter aussi longtemps que ça leur chante, n'en déplaise à Élisabeth Badinter... Alors, lorsqu'elles ne se sentent pas respectées, elles préfèrent rompre.

Leur plus grande conquête est certainement le savoir, qui leur permet d'accéder à la vie professionnelle. Les femmes travaillent de plus en plus[1], et heureusement ! Leur scolarité a révélé les mêmes compétences chez les filles que chez les garçons, elles ont souvent vécu le divorce de leurs parents, les séparations précoces chez leurs amies, et savent qu'elles doivent s'assumer financièrement pour ne pas dépendre de l'homme. Mais dès lors, il leur faut cumuler plusieurs vies dans des journées dont la longueur n'a pas évolué : une vie professionnelle, une vie de femme, une vie de mère... Quand l'orage gronde dans le couple, elles ont moins besoin de leur compagnon pour leur survie économique. Elles pourront claquer la porte plus facilement, et ne s'en priveront pas ! Cette évolution a laissé les hommes sans voix !

Dans le même temps, bien que l'image du « nouveau père » plaise beaucoup à la société, le quotidien

1. Augmentation du nombre de femmes au travail : alors que dans la famille traditionnelle, les femmes étaient au foyer, assurant le service de la maisonnée et la garde des jeunes enfants, les femmes ont aujourd'hui largement accès au travail du fait de l'évolution des mentalités, de l'adaptation des lois et aussi du fait des nécessités économiques. Tandis que 35 % de la population au travail en France étaient des femmes en 1960, ce chiffre atteignait 48 % en 1998, 46,4 % en 2005. Chiffre projeté pour 2010 : 46,7 % des actifs sont des femmes. (*Le Monde* 28 juin 2011, sources : INSEE.)

de la maison continue d'être assuré principalement par la mère[1]. J'ai moi-même longuement parlé de l'évidence que l'instinct maternel existe[2] ! L'analyse du philosophe Michel Serre sur France Info va bien dans ce sens :

«*Michel Serre :* ... Je crois que les femmes, presque naturellement, sont dirigées vers la question des vêtements. Pourquoi ? Parce que la matrice enveloppe l'embryon, mais pas seulement la matrice, aussi le placenta enveloppe l'embryon. Il y a chez la femme, si vous voulez, une sorte de "naturellement destinée à l'enveloppement", à la couverture, à la protection, la femme protège son enfant, la manière dont la femme porte le bébé et l'enveloppe...

Michel Polacco : Sur son sein ou son cœur...

Michel Serre : Il y a une sorte de nature presque parallèle et homogène entre la femme et le tissu. C'est pourquoi, quand les femmes parlent chiffons, froufrous, je les respecte beaucoup : parce qu'en effet, c'est quelque chose de fondamental dans la protection de l'humain par rapport au monde extérieur et par rapport à la dureté qu'il implique[3]. »

Élisabeth Badinter a beau s'époumoner à dire qu'il n'y a pas d'instinct maternel, l'expérience montre combien la mère a d'emblée une réceptivité plus grande aux signaux envoyés par son enfant. C'est la conviction de la société dans son ensemble, parents,

1. Voir «Politiques sociales et familiales», CNAF, 2009.
2. *Éloge des mères*, Robert Laffont, 2003.
3. France Info, chronique «Les dessous chics», 9 juillet 2011.

famille, employeurs... Bien qu'aujourd'hui il soit clairement admis que les filles fassent des études, où elles sont aussi brillantes que les garçons et même plus, le rôle prioritaire de la mère dans l'éducation du jeune enfant reste ancré dans les mentalités. Et le fait qu'aujourd'hui le bébé soit « désiré » les a encore plus responsabilisées : « Quand c'est un bébé désiré, peut-être relâche-t-on les efforts envers l'autre, pour se consacrer au petit être ? » s'interroge une internaute.

Ce n'est pas pour autant que le partage des tâches ne doit pas progresser : s'impliquer dans les soins à son enfant favorise la naissance de l'attachement, ce processus qui devient aussi puissant que l'instinct quand il a été favorisé par une attention et une présence précoces. L'attachement entre un père et son enfant est renforcé par sa participation aux préoccupations maternelles, aux tâches domestiques, aux contraintes éducatives, aux jeux avec l'enfant... La complicité du couple se trouve renforcée par le partage des émerveillements comme des moments de lassitude. C'est pourquoi nous, pédiatres, favorisons la présence des parents dans les centres de prématurés et encourageons la prise du congé de paternité. Les études sociologiques montrent que la parité ne s'exerce que dans les activités de loisir. Ce sont encore les mères qui viennent le plus souvent, et souvent seules, chez le pédiatre ; ce sont encore elles qui suivent les devoirs et se rendent le plus souvent aux rendez-vous avec les professeurs ; ce sont elles qui prennent un « quatre cinquièmes » souvent porté à « six cinquièmes »... pour libérer leur mercredi après-midi à courir du cabinet de l'orthophoniste au cours de judo. Qu'ils soient mariés ou séparés, seuls 23 % des pères viennent aux réunions de parents d'élèves et 22 % aident leurs enfants à préparer leurs valises avant un départ en vacances.

Un père qui s'absente du travail pour son enfant fébrile est une exception. On ne peut que se féliciter des initiatives de l'association Mercredi-c-papa[1]. Heureusement, le bébé n'est plus considéré par les pères comme un tube digestif... mais il y a encore un long chemin à faire. Les hommes sont d'autant moins encouragés à rester auprès des enfants qu'ils sont dominants dans les conseils d'administration ou dans la sphère politique.

Les angoisses et pulsions masculines sont-elles exacerbées ?

Pas facile pour un jeune père d'investir son rôle. Il n'a pas de modèle dans sa propre famille car rares ont été les pères de la génération précédente à avoir donné des soins quotidiens à leurs enfants. Aujourd'hui, les grands-pères tentent de se rattraper, ils se rendent compte qu'ils ont loupé quelque chose. Non seulement ils ont donné l'exemple de pères entièrement dévoués à leur vie professionnelle, ayant délégué les tâches de la maison à la mère, mais ils sont aussi la « génération divorce », alors totalement absents du

1. http://mercredi-c-papa.tumblr.com/

quotidien de leurs enfants. Françoise Dolto témoignait : « Nous voyons sans cesse des pères qui disent : “Je me repose entièrement sur ma femme pour ce qui est de l'éducation de nos enfants. Je ne les connais même pas.” Quand un médecin veut voir un père, celui-ci dit : “Mais pour quoi faire ? C'est ma femme qui les connaît.” C'est tout de même extraordinaire d'entendre ça[1] ! » Et Hervé Bazin écrivait un témoignage glaçant : *Le Matrimoine*[2]. Leurs fils n'ont donc pas de modèle mais, leur propre père ayant été beaucoup plus distant, ils vivent parfois avec un sentiment d'exaspération la pression mise sur eux par leur compagne pour les tâches domestiques (alors que leur père était souvent débarrassé de tout souci d'intendance par sa femme !). Bien qu'ils soient conscients du manque de complicité à l'âge adulte avec leur propre père et ne désirent pas reproduire ce schéma, aucun modèle n'est imprimé dans leur mémoire d'enfant, qui leur permettrait de se sentir à l'aise dans une attention paritaire à leur enfant.

Or, pour devenir parent, il faut se reconnaître comme l'enfant de son père, revisiter son histoire pour éclairer les rapports père-fils. Comme disait la psychanalyste suédoise Selma Fraiberg, « il y a des fantômes sur les berceaux[3] ». Pas question de renier ses ascendants, on ne construit pas un tronc solide pour sa famille en coupant ses racines. Il faut que

1. *Les Étapes majeures de l'enfance, op. cit.*
2. Seuil, 1991.
3. *Fantômes dans la chambre d'enfants*, PUF, 2007.

l'homme n'hésite pas à se plonger dans sa propre histoire pour comprendre ses résistances à une paternité sereine. Les femmes le font plus volontiers ; pour les hommes, psychanalyse ou psychothérapie demandent un renoncement à privilégier l'action sur la parole, ce qui n'est pas dans leur nature première. Faire tomber ses réticences, trouver les mots pour régler sa propre histoire laissera le champ au nouveau père, un père fort, protecteur et respecté parce que bienveillant avec son enfant et surtout envers sa femme. L'enfant respecte papa quand il est bienveillant avec maman. Peu d'hommes comprennent cette alchimie du bien-être et du respect infantiles, qui passe par les paroles dites à et sur la mère.

La liberté acquise par les femmes, grâce aux études et au travail, à la contraception, déstabilise les schémas masculins. Il est de bon ton qu'ils assistent à la naissance de leur enfant, mais on oublie combien peut être violent pour certains hommes de voir leur femme allongée, les jambes écartées, perdant sang et lochies tandis qu'un autre homme extrait, souvent avec de grandes cuillers, le bébé poisseux. Le père est là, les bras ballants, lui qui aime tant agir. Beaucoup disent les difficultés qu'ils ont eu ensuite à fantasmer à nouveau le sexe de leur femme avec sérénité.

Les hommes doivent aujourd'hui partager les tâches domestiques, les sorties des enfants, préparer les repas en attendant le retour de maman... Ils rechignent, certes, mais s'y plient tout de même pour un nombre de plus en plus grand d'entre eux. Nous vantons souvent le schéma de la Suède, où le père est encouragé à prendre la deuxième partie du congé de mater-paternité, le deuxième semestre de la première année. Je me souviendrai toujours de ces trois pères suédois heureux de partager le temps de leur enfant en fin de première année, dont l'un me dit : « Le problème est que ma femme s'est arrêtée pendant les six premiers mois, elle allaitait ; et c'est moi qui ai pris la suite. Mais c'est beaucoup plus fatigant à cet âge... Et quand elle rentre du travail, elle ne se rend pas compte que je suis crevé ! » Ce soupir est un miroir de ce que ressent en général la mère en charge de la plus grande partie des tâches parentales.

On dit souvent que « c'est à la mère de faire la place au père ». Certes, il y a des femmes qui s'investissent totalement dans les soins à leur enfant, ne sortent plus avec leurs amis, ni même en couple de peur de devoir laisser leur enfant à quelqu'un d'autre. Petit à petit, l'homme s'organise une vie parallèle, sociale, professionnelle, amicale. Il s'éloigne tandis que la mère se replie sur son enfant. Le risque est alors grand que plus tard elle dise à ce dernier : « J'ai sacrifié ma vie pour toi. » L'enfant portera alors comme un poids toute sa vie une sorte de contrat de gratitude trop lourd pour s'épanouir librement.

Le problème aujourd'hui est que l'on brandit cette menace dès les premiers attachements de la mère à son enfant, trop précocement. Il est normal que la femme soit dans une bulle maternelle, sourde aux autres signaux que ceux de son enfant, pendant ses trois premières années. C'est un besoin de l'enfant que d'être ainsi compris pour se développer avec une base affective de sécurité. Boris Cyrulnik dit bien au moment de la sortie de son rapport sur le suicide des enfants[1] l'importance de cette sécurité affective des premières années. Plutôt que d'intimer à la mère de « sortir de sa bulle » à tout prix, ce qui crée rancœurs ou dépression, mieux vaut que le père la comprenne, la soutienne, cherche des aides éclairées : une grand-mère suffisamment respectueuse du jeune couple pourra aider sans être intrusive, ou bien une nounou en laquelle la mère aura confiance, une place dans une crèche dont l'équipe est mobilisée pour la bien-traitance des enfants et l'aide à la parentalité. Le père qui partage les émotions de la mère en même temps que les soins au jeune enfant permettra l'ouverture en douceur mais finalement plus rapide de la bulle. S'il nie ce que ressent la mère des besoins de son enfant, alors il la pousse au contraire à se recroqueviller sur cette relation mère-bébé et il aura beau jeu de la dire « fusionnelle »...

C'est donc à lui de prendre sa place : par le temps qu'il passe avec l'enfant, il apprend à comprendre ses besoins et renforce sa complicité avec sa femme, complicité hautement bénéfique au développement de l'enfant qui perçoit leur émerveillement devant ses progrès. Le mimétisme des rôles, avec des pères qui deviendraient des « mères *bis* », est dénoncé comme facteur de perte des repères pour l'enfant. Mais il ne faut pas confondre le besoin d'égalité entre les sexes

1. Rapport présenté le 29 septembre 2011 par la secrétaire d'État chargée de la Jeunesse.

avec une sorte d'indifférenciation qui ne correspond pas au métabolisme de chacun des parents. Dès les premières semaines, le bébé fait très bien la différence entre le tonus des muscles du thorax et des bras selon qu'il est pris par sa mère ou son père, le coussinet moelleux des seins n'a rien de commun avec les pectoraux, le menton même rasé de papa n'est pas la joue de maman, la voix est différente, l'odeur... L'allaitement maternel n'empêche pas le père de prendre sa place par l'enveloppe qu'il donne, de tendresse, d'aide, d'amour à la mère qui, à son tour, enveloppe le bébé. Comme des poupées gigognes, la famille s'emboîte et le nourrisson se gorge d'optimisme. Voilà la place du père ! Dans les sociétés primitives existe souvent une coutume, la couvade, où le jeune père se replie à côté de sa femme pour investir son rôle. On ne dira jamais l'importance des mots donnés par l'entourage à la naissance car, pour se projeter dans sa paternité, le père doit se reconnaître dans son enfant, soit parce qu'il pense qu'il lui ressemble, soit parce qu'il est heureux qu'il ressemble à sa femme adorée, choisie pour transmettre cette beauté.

Malheureusement, ce ne sont pas les discours qu'il entend : les pères qui assurent vraiment le quotidien de leur enfant sont même considérés « comme des héros des temps modernes[1] ». L'allaitement empêcherait l'homme de retrouver sa femme, elle devrait se

1. Patrice Huerre et Christilla Pellé-Douël, *Pères solos, pères singuliers ?*, *op. cit.*

forcer pour lui donner à nouveau du plaisir[1] ! Changer son enfant, le câliner, le pouponner, jouer avec lui dans le bain, le porter en kangourou nuirait à son autorité, qui ferait grand défaut dans la société aujourd'hui ! C'est « un temps maternel, l'âge tendre, qui sera suivi d'un temps paternel, l'âge dur ». Les parents – et les éducateurs – sont tiraillés entre ces deux discours discordants : celui de Cyrulnik, qui dit si bien l'importance de la stabilité affective des premières années, et celui de Naouri intimant à l'homme un retour à sa virilité qui serait mise à mal par un partage égalitaire des soins prodigués à l'enfant.

Or les jeunes hommes ne demandent qu'à entendre cette deuxième voix : il est si commode de trouver que la mère doit, en force, redevenir femme, et de renâcler aux mille petits soins et attentions que requiert un jeune enfant ! Aussi, même s'il est convaincu de son nouveau rôle paternel, le père concède tout au plus quelques tours de vélo le dimanche pour se donner bonne conscience. Devant la fatigue et le surmenage de sa compagne, il se réfugie volontiers devant l'écran de son ordinateur. Les silences et les rancœurs gonflent, on n'échange plus qu'à propos de l'enfant ou de l'intendance de la maison. Et puis, soudain, c'est la révolte. Les vieux schémas machistes reviennent, nourris par les conversations entre collègues. Tant de pères rentrent de plus en plus tard, quand les bains sont donnés, les devoirs

1. Voir le texte d'Aldo Naouri, disponible sur son site web, « Peut-il y avoir un nouveau rôle du père dans le monde de demain ? ».

faits ; c'est le froid à la maison, le refuge sur les sites pornographiques et bientôt les liaisons dangereuses qui feront exploser le couple...

Car, à l'extérieur, la société exacerbe les pulsions masculines : jamais la femme n'a été aussi sexuée, chosifiée dans les publicités. Les écrans sont partout, au bureau, dans la rue, sur le téléphone avec leur déferlement d'images pornographiques et de spams pour le Viagra ! Combien de jeunes femmes se sentent trompées lorsqu'elles constatent les promenades Internet de leur compagnon tandis qu'elles s'épuisent à faire réciter la comptine de l'aîné... Finalement, démissionnaires, bien des pères, pourtant présents le dimanche, se réfugient dans des posture de fuite... « Papa, il est toujours sur son ordinateur ! » me disent régulièrement les enfants. Et les femmes sont de plus en plus nombreuses à venir pleurer sur les SMS éloquents quant à la relation avec la jeune assistante du bureau. Alors elles viennent me parler de la séparation qu'elles envisagent, en consultation de fin de journée, pour savoir « ce qu'on va dire aux petits ». C'est ainsi que les trois quarts des divorces sont demandés par les femmes, en général moins pour commencer une nouvelle vie que pour sanctionner des écarts de conduite. Quand le divorce pour faute était institutionnalisé, la condamnation aux torts exclusifs de l'époux se faisait dans quatre cas sur cinq[1].

La fragilité de l'union nuit à l'investissement des

1. Sources : ministère de la Justice.

pères. Ils le disent dans les groupes de préparation à la naissance : dès la conception de leur enfant, les futurs pères ont peur qu'une éventuelle séparation fasse que « mon enfant serait élevé par un autre. Je ne le supporterais pas et j'y pense souvent, étant donné la fréquence des séparations ». Cette hypothèse est tellement prégnante qu'investir l'enfant devient difficile.

Se séparer pour une tromperie ? J'exhorte au calme celles qui l'envisagent. Même si 75 % d'entre vous n'optent pas pour l'attitude apparemment sacrificielle d'Anne Sinclair, ce n'est pas une raison pour jeter le manche après la cognée. Il faudra rassembler vos forces pour poursuivre la construction de cette famille, dès lors qu'il y a un enfant. Certes autrement, mais positivement, ce qui demande calme, réflexion et recherche d'aide éclairée.

La solitude des jeunes parents

On l'a compris, les jeunes parents sont très seuls aujourd'hui. Déchirés entre des injonctions contradictoires et opposées aux besoins réels du tout-petit, ils sont victimes d'une organisation sociétale ne tenant aucun compte du développement de leur enfant. L'architecture même des maisons ne se prête pas à l'adaptabilité permanente requise par le bien-être de la famille. Je rêve de maisons qui comporteraient non pas des cases étanches définitivement attribuées aux parents et aux enfants, chambre du couple, chambre de l'enfant, salon, salle à manger, mais des pièces modulables avec le développement de la famille, chambre parentale, chambre familiale, chambre de l'enfant, permettant les transhumances nocturnes sans entraver l'intimité du couple. Il suffirait de bien comprendre les besoins de la famille selon l'âge des enfants.

Mal préparés à leur besoin d'interaction, les couples ne sont pas organisés en conséquence. Il est normal qu'un enfant de moins de 3 ans ne laisse jamais l'adulte tranquille : le rabrouer, crier, le punir, le taper ne fera que l'exciter, l'endurcir, le rendre provocateur, ou l'amener à développer des stratégies de dissimulation, voire à inhiber ses compétences cognitives et son estime de soi. Accusés de tout laisser faire et d'être victimes d'enfants soi-disant rois par les fascistes de l'éducation, les parents risquent de s'isoler de leur entourage, de leurs amis pour pouvoir répondre aux besoins de l'enfant. En outre, les parents d'aujourd'hui attendent des démonstrations d'amour de la part de leur enfant : « Donne-moi un bisou ! » supplient-ils, et ils se plaignent devant l'enfant de 2 ans qui a glissé de leurs genoux pour jouer avec les voitures : « Docteur, il n'est pas câlin ! » Lucides sur la précarité du couple, ils attendent de leur enfant la stabilité affective qui leur manque. Ils compensent paradoxalement leur propre besoin d'amour par un étouffement de leur petit. Mais les baisers n'intéressent pas les enfants : ce qu'ils aiment, c'est le jeu, la parole, les histoires... Ils concèdent un baiser pour faire plaisir, qui se transforme de plus en plus souvent en morsure... Les mains se débattent, ce bouche-à-bouche et corps-à-corps les étouffent. La démonstration d'amour par les lèvres, c'est un rapport de couple, pas de parents à enfant. Votre rôle est d'ouvrir votre enfant vers le monde extérieur, non de le peloter comme un doudou qui vous rassure, vous ! Vous devez répondre à ses besoins, ce n'est pas à lui d'exaucer votre désir de câlins. Sinon l'enfant devient cannibale. Dans ces conditions, comment s'étonner qu'il morde de plus en plus les copains à la crèche ? Ils ne savent plus ce qu'ils doivent faire avec leur bouche.

Dans ce contexte, le père subit des sollicitations contradictoires. Il lui est demandé d'endosser plusieurs rôles : il doit être aidant pour sa femme dans les suites de couches, tout en favorisant la séparation entre la mère et son enfant (trop précocement pour les besoins du bébé), mais la société lui demande aussi d'être vecteur d'autorité, de savoir mettre des limites, rôle également investi beaucoup trop tôt et créant des crises de couple. On a tendance à déplorer aujourd'hui l'indifférenciation de plus en plus grande des sexes, et en particulier dans le projet parental. Mais nous ne sommes plus au temps des cavernes ! L'homme ne chasse pas des bêtes pour ramener du gibier à la mère dans sa grotte. La plupart des enfants ne connaissent pas le métier de leurs parents. Notre monde privilégie la pensée, la culture, la communication, le savoir scolaire, et sur ces points homme et femmes sont à égalité. Il est donc normal que le partage des tâches dans la grotte – pardon, dans la maison – se fasse aussi à égalité, même si les hommes en sont fort désemparés.

Vouloir imposer à un père un registre autoritaire qui ne serait pas dans son caractère peut nuire à l'attachement à l'enfant et à l'équilibre du couple. Combien de mères se plaignent qu'après avoir passé une soirée à lutter contre les caprices, elles voient arriver un homme qui ne se fâche pas mais propose des jeux. Qu'elles s'en réjouissent, et en profitent pour se détendre dans leur chambre, porte fermée, avec un magazine. L'enfant comprend alors combien le père protège la mère des trop-plein ingérables d'énergie enfantine. La femme ne doit pas attendre que le père soit un « croquemitaine » qui rentre le soir pour donner des punitions. Partenaire des jeux de l'enfant, il l'est plus naturellement. Encore que l'attention que cela demande en épuise plus d'un, plongé dans ses propres obligations réputées socialement plus nobles que s'amuser avec son bambin. Pour les mères aussi, il peut être difficile de retomber en enfance, ou de garder patience devant un enfant dont on attend trop qu'il joue tout seul, demande fréquente mais trop précoce des parents. Il faut encourager le père à choisir le jeu qu'il aime lui-même, l'un fera du vélo, l'autre préférera construire un circuit : qu'il se fasse surtout plaisir en même temps qu'à son enfant ! On peut avoir le regret de cette évolution vers plus de papa et moins de père distant, je pense que c'est un tort car le partage des tâches, des jeux, des plaisirs à voir grandir et évoluer les petits renforce la complicité du couple. Même si certains hommes, convaincus du primat de leur testostérone, frôlent vite le burn out et rentrent de plus en plus tard, « après les bains ». La mère en conçoit une amertume souvent exprimée en consultation et, comme elles me disent, « depuis que j'ai demandé la séparation, je m'aperçois qu'il sait préparer le jambon-purée ! »

Chapitre IV

L'autorité sans père est-elle possible ?

Tout un courant se dessine qui déplore l'absence ou le laxisme des pères comme étant à l'origine d'un manque d'autorité favorisant transgression et délinquance. Il est certain qu'après une séparation, entre l'obligation de travailler hors de la maison de tant de mères courage et la démission de pères trop écartés du quotidien, les enfants prennent vite les commandes sur la vie de la maison. Quand papa s'en va, c'est le petit qui accapare la télécommande, sceptre moderne du pouvoir !

Pour les générations précédentes, l'autorité était octroyée au père par la loi. Il fut un temps pas si lointain où le père avait même le droit de demander à l'État la correction physique sur son enfant désobéissant ! C'est en 1970 que l'autorité jusque-là « paternelle » dans le Code civil est devenue « parentale », dévolue à la mère comme au père. L'article 371 du Code est dès lors lu lors de tous les mariages : « L'autorité parentale est un ensemble de droits et de devoirs ayant pour finalité l'intérêt de l'enfant. Elle appartient aux père et mère jusqu'à la majorité ou l'émancipation de l'enfant pour le protéger dans sa sécurité, sa santé et sa moralité, pour assurer son éducation et permettre son développement dans le respect dû à sa personne. Les parents associent l'enfant aux décisions qui le concernent selon son âge et son degré de maturité[1]. » L'usage a alors donné en pratique l'autorité à la mère sur des points très importants. Et il faut régulièrement que les pères se fassent entendre pour avoir le choix de l'école, et pour recevoir les bulletins, pour disposer du carnet de santé lorsqu'ils ont leur enfant... Nous verrons comment la volonté du législateur sur l'association de l'enfant aux décisions qui le concernent rencontre beaucoup de réticences.

Les pères d'« un week-end sur deux » se donnent évidemment un droit de rattrapage par les sorties festives, câlins et baisers. Ils sont terriblement papouilles mais ils sont réinterpellés par la société qui leur demande de faire montre d'autorité quand le petit curieux devient trop trublion. Et voilà le père qui doit faire une bascule à cent quatre-vingts degrés pour passer du répertoire de la tendresse à celui de la grosse voix et la main levée alors que, déjà divorcé, il a souvent peu de temps à donner à son enfant. Les pères ne savent plus trop où ils en sont, et les enfants voient la représentation qu'ils se font de leur père osciller entre autorité et laxisme. Difficile pour eux de tout comprendre...

On me dira que j'ai accentué cette situation en proposant que soit inscrite en France la loi du Conseil de

1. Article 371-1 du Code civil (loi n° 2002-305 du 4 mars 2002).

l'Europe pour l'abolition des châtiments corporels (que tout le monde a appelée la « loi antifessée »). Elle va pourtant dans le sens de conforter le respect réciproque d'un enfant pour son père. Toutes les études, comme mon expérience sur deux générations, montrent que les châtiments corporels rendent les enfants sournois, en échec scolaire, rebelles et agressifs et ancrent des rancœurs qui n'ont jamais renforcé l'amour filial. Aujourd'hui même, où la plupart des adultes ont reçu des fessées, ils se confient plus à leur mère qu'à leur père : le mur de l'incommunicabilité est aggravé par la main levée. L'autorité se conquiert sans fessées, comme je l'ai montré dans mon précédent ouvrage[1]. Il n'est donc pas question de revenir aux schémas traditionnels du père « chef », mais de le soutenir dans son rôle de guide bienveillant et ferme.

Alors comment l'enfant pourra-t-il conférer l'autorité à un père séparé de sa mère dès ses premières années ? Dès lors que vous vous séparez, vous vous affaiblissez : quelle crédibilité aurez-vous pour lui donner des conseils alors que vous dites vous être trompé sur le choix fondateur de son existence, sa mère ? À moins que... vous n'abîmiez en rien son image. On peut ne pas pouvoir vivre sous le même toit mais s'aimer, des mille façons que j'ai dites plus haut, faire vivre les sentiments qui vous ont unis, de telle sorte que votre choix de faire un enfant ensemble reste pertinent. Et, n'oubliez pas, ce n'est pas parce que vous reformez un couple avec un nouvel amour

1. *L'Autorité sans fessées*, Robert Laffont, 2010.

que vous rayez le précédent de la carte : on peut continuer d'aimer, autrement, et être à nouveau amoureux. Ce n'est pas parce que vous avez été déçu dans votre projet de vivre ensemble que l'union qui a créé votre enfant est à regretter. La vie est complexe, ne vous en veuillez pas d'un choix qui n'était pas votre choix de vie initial, ne lui en veuillez pas non plus, et saluez la nouvelle configuration à construire : être parents, même si vous ne pouvez pas prolonger une cohabitation destructrice. Bien sûr, beaucoup d'entre vous me disent : « Il faut être deux pour réussir ce nouvel équilibre. » C'est bien pour cela que je dédie la lecture de mon livre aux deux parents séparés, pour vous faire réfléchir et évoluer dans le même sens.

Ce qui est néfaste, selon moi, c'est de jouer la surenchère affective en trahissant nettement l'autre : « Ta mère met beaucoup trop la pression sur les devoirs ! » dit son père à Christophine, alors qu'il n'a l'enfant qu'un week-end par mois, prétendant que ses activités ne lui permettent pas de passer plus de temps avec sa fille. Comment s'étonner dès lors de l'autorité déliquescente de la mère, d'autant plus regrettable qu'elle a la charge quasi complète de l'enfant ? Quand la petite aura vraiment perdu pied scolairement, il sera trop tard pour qu'un « coup de gueule » paternel la refasse plonger le nez dans ses cahiers. Un homme qui aime son enfant ne doit pas laisser la mère sans soutien, protection, sans aménagement des finances et des lieux, et ne doit pas la dénigrer s'il veut lui-même être crédible dans son autorité. La critique mutuelle affaiblit l'autorité, la sienne comme celle de l'autre parent.

Chapitre V

« Il est où mon papa ? » Que répondre ?

Comme dans les dessins de Chagall, le tout-petit a l'impression que son papa s'envole, qu'il disparaît et qu'il faudrait le retenir. Il ne se demande pas la faute à qui ou si vous continuerez de l'aimer, il retient simplement que les adultes dont il dépend, les personnes essentielles, aussi essentielles que la terre sous ses pieds, peuvent s'évanouir, disparaître sans vraiment que l'on comprenne pourquoi. Un enfant c'est comme un arbre, il a besoin de se développer ; par ses racines, enfouies dans la terre, il pompe la sève. La terre de l'enfant, sa matrice, c'est sa mère, irriguée par le père. S'il y a un tremblement de terre, que va devenir son monde ? Comment va-t-il trouver sa sève pour grandir, avec un tronc bien droit, avec une couronne de feuilles bien développée, et faire des fruits à son tour ? C'est la question à laquelle il nous faut répondre de manière adaptée suivant l'âge de l'enfant. Tout le travail du neuropsychiatre Boris Cyrulnik nous rappelle que « la force des liens bébé-père-mère pèse sur l'individu dès la formation de la cellule embryonnaire et l'influence toute sa vie durant[1] ».

Bien sûr, c'est souvent difficile d'être positif pour un parent qui s'est senti abandonné par l'autre. Mais quels que soient le contentieux et les rancœurs, le bébé est leur descendant commun, la femme a porté la moitié de ses gènes dans son ventre. Il leur faut revenir à la rencontre qui a permis la conception. Un échec dans la relation affective est toujours la suite d'une longue histoire qui remonte à l'enfance de chacun. Les hommes n'aiment pas se confier, parler de leurs émotions, et c'est dommage. Chacun doit se montrer tolérant par rapport à une situation dont certes il a pu être responsable mais dont il n'a pas été totalement maître. Cette tolérance, c'est l'idéal pour l'enfant, qui est une sorte de greffe dans chacun des parents, à moitié étranger et pourtant incontournable désormais pour leur vie entière. La grossesse est un état extraordinaire parce que la future mère porte un corps étranger en elle-même qu'elle ne rejette pas – un véritable corps étranger dont les tissus seraient rejetés après la naissance si elle devait en être greffée ! Cette grâce immunitaire liée à l'état de grossesse étonne tous les chercheurs qui voudraient comprendre ce phénomène de non-rejet. Il faut donc absolument continuer, poursuivre, prolonger cet état de grâce et préserver l'unité psychologique de votre enfant. Ainsi, même si le père est physiquement absent, la mère doit

1. *Sous le signe du lien. Une histoire naturelle de l'attachement*, Hachette Pluriel, 1997.

faire sans cesse référence à lui pour assurer une situation triangulaire. Pendant la crise, elle doit dire au jeune enfant : « Si ton père n'avait pas été là, tu ne serais pas né. Tu as un père comme tout le monde et plus tard, tu le voudras. Actuellement, je suis fâchée avec lui, mais quand tu es venu au monde, je l'aimais. Et comme je t'aime, cela prouve qu'il y avait en lui des choses très bien[1]. »

Que comprennent-ils lorsqu'ils sont si jeunes ?

Ce qu'ils comprennent c'est que soudainement vous êtes seule. Il manque cette voix grave qui envoyait des ondes dans la maison, cet être qui dormait, parlait, mangeait, se douchait, transportant son odeur, prenant l'enfant contre sa pilosité, se déplaçant selon une démarche bien spécifique, envoyant tous ces signes de présence mâle qui permettent à un enfant de se positionner, de savoir ce qu'il ressent par rapport à un homme et par rapport à une femme.

Il restera aussi de cet homme le rapport qu'il avait avec sa compagne, mère de l'enfant. Le nourrisson ressent ses parents comme des pièces de puzzle emboîtées. Peut-être l'un des parents a-t-il eu besoin d'une autre vie ? Mais si le bébé ressent que le père protégeait sa mère, il vivra son absence soudaine dans un sentiment d'insécurité pour la femme, et donc pour lui, si petit. Peut-être était-ce un bien que le père

1. Françoise Dolto, *Les Étapes majeures de l'enfance*, *op. cit.*

parte, parce qu'il était violent, parce qu'il buvait, parce que les disputes étaient extrêmement douloureuses ? Le tout-petit sent alors sa mère plus sereine – « maman n'a plus peur » –, ce qui est une condition essentielle à son développement. Mais que restera-t-il de la perception de l'homme pour cet enfant, perception gravée d'autant plus profondément dans sa mémoire qu'il était petit, perception moins consciente mais plus tenace ?

Avant que papa quitte la maison, il y a eu les disputes ou un climat lourd, plein de silences entre les parents. Pour vous, ce départ paraît un aboutissement clair, presque un soulagement ; mais pour l'enfant, des disputes ou des silences jusqu'au départ physique du père, il y a tout un monde. Lui interprète toujours les disputes comme pouvant s'arrêter, à l'instar des disputes d'enfants. C'est un mode de relation. Le silence ? N'ayant pas d'autre vécu, il l'accepte comme un état normal entre les adultes, les adultes sont des gens sérieux. Maman est triste ? Papa est triste ? C'est un état de fait, ce qui compte c'est la logique : papa, maman et moi. Cette trilogie est fondatrice de son identité parce qu'il est issu de ces deux-là. Vous avez eu beau le prévenir : « Tu sais, maintenant, papa n'habitera plus dans cette maison », avant l'âge de 5 ans il est difficile de comprendre ce que cela annonce – l'absence, les allers-retours, les déménagements, la césure entre vous.

Nous allons voir comment vous allez pouvoir parler mais surtout vous comporter au moment du départ de l'autre pour que votre enfant puisse appréhender ce qui lui arrive, à lui, sans une trop grande détresse, sans une culpabilité profonde, et surtout sans le sentiment d'une instabilité inhérente à la vie, ancrant dans sa mémoire une peur indélébile d'abandon sans préalable. Plus vous allez comprendre ce qu'il ressent, plus vous allez parler et agir en conséquence, moins les séquelles seront douloureuses pour l'enfant et donc pour vous, ses parents.

Que faut-il dire à un bébé ?

Par définition, un bébé ne parle pas. Le mot « enfant » vient du latin *in-fans*, « privé de parole ». Mais « très vite les enfants savent (intuitionnent plutôt) ce qui se passe : les enfants savent tout[1] ».

Dès l'âge de 6-7 mois, le nourrisson est capable de vocaliser, puis de donner un sens à ses vocalises parce que maman s'écrie, heureuse : « Oui... bébé ! Voilà papa ! » « Papa » est un mot qui claque comme la voile au vent, comme le jeu, les mains qui applaudissent : « Papa ! » Alors si papa ne doit pas être là, pour le bébé, ne croyez pas qu'il ne l'intègre pas. Selon que papa n'a pas été là dès sa naissance, que le père n'a pas voulu reconnaître sa paternité ou qu'il est parti dès les premiers jours et ne donne plus aucun signe de vie, bien sûr le bébé se montrera sociable, joyeux avec vous et vous aurez l'impression qu'il n'y a pas

1. *Ibid.*

besoin d'en parler... mais le manque est déjà là qu'il faut combler.

Nouveau-né, il se développe comme un petit kangourou, contre sa mère, et ne ressent apparemment pas de manque. Pourtant lui manque déjà ce que connaît le nouveau-né entre ses deux parents : la sensation de la peau lisse et pleine de rondeurs de la mère par opposition à la peau tendue par le muscle et souvent pileuse du père. Il manque aussi cette façon de rire, cette façon d'attraper ses pieds, ses mains, de le chatouiller qui est particulière aux hommes. Leur virilité leur donne un autre contact avec l'enfant, une autre façon de le baigner, de le changer, de jouer avec lui. Bébé se construit alors sans altérité, en mimétisme simple avec sa mère.

La mère est un magnifique relais de la vie *in utero*. Cette enveloppe ne va s'ouvrir que progressivement. Mais ce n'est pas parce que la mère est ainsi protectrice et nourricière que le père peut être absent sans conséquence, car l'osmose qu'il y a entre le père et la mère, le soutien qu'il apporte à la femme sont perçus par ce tout-petit. Aussi, quand le père vient à manquer, nous allons envisager plusieurs situations.

Si la mère a voulu cet enfant de ce père-là alors que lui ne peut pas assumer cette paternité, il faut qu'elle dise : « La vie c'est compliqué, peut-être qu'un jour on le verra, ton papa, moi, j'ai eu envie d'un bébé avec lui. » Il faut rester dans ce « peut-être » et dire cette « envie ». Ce sont les deux mots clés qui affirment que sa conception est un choix. Assumez que vous n'êtes pas maître du destin. Et ne pouvez pas répondre à tout. Même si vous en voulez à cet homme de ne pas partager votre désir, je vous invite à garder toutes les traces et contacts avec lui, à travers les relations communes ou le métier, les photos, les mots, les SMS... C'est l'histoire de votre enfant, elle lui appartient.

Quand le père n'est pas capable d'assumer la vie conjugale, mais se montre prêt à assumer sa paternité, ce n'est pas toujours plus simple pour la mère, dans l'immédiat... Alors il se manifeste, il reconnaît son enfant. Il aide la mère pour ses besoins matériels, il propose de venir le voir et de s'en occuper lui-même régulièrement. Il ne faut pas s'étonner que la femme soit partagée entre le désir de laisser sa place au père et l'impression qu'il lui arrache un morceau d'elle-même, alors qu'il ne veut pas d'elle, comme une personne digne de partager sa vie. Cette difficulté à se séparer est d'autant plus grande que l'enfant est nourrisson, mais je ne peux pas fixer de limite d'âge car il y a des mères qui sont prêtes à confier plusieurs heures au père leur bébé de 5 à 6 mois, et d'autres qui ne seront pas prêtes avant l'âge de 18 mois, 2 ans... voire plus. Cela ne dépend pas tant de la mère elle-même que de la relation avec le géniteur. Certaines ont l'impression d'avoir été utilisées pour donner un bébé à un homme qui veut être père sans mère. J'ai connu une mère qui était restée dans l'escalier quand elle avait confié le bébé à son compagnon, ne pouvant sortir de l'immeuble... Elle ne doutait pas qu'il sache s'occuper du bébé, dont il avait déjà pris soin chez elle, mais les relations entre eux deux étaient lourdes de chagrins rentrés. La découvrant là trois heures plus tard alors qu'il sortait, le père lui reprocha les pleurs incessants du bébé. À la visite suivante, elle se confia au nourrisson : « Tu sais, je suis triste de te laisser, je sais que c'est un bon papa, mais nous, ça nous fait bizarre... » La petite fille avait 6 mois, elle ne pleura pas ce jour-là chez son père.

En mettant les mots, vous allégez les tensions. Ainsi l'enfant se sentira-t-il encore habité de la voix maternelle quand il sera dans les bras de son père. Ne faites pas de grands discours mais expliquez au bébé que son papa sera toujours là dans sa vie, qu'« on réfléchira à quand on le voit, on verra comment on fait ». Avec un jeune enfant, avec un bébé, il faut beaucoup utiliser le « on ». Ce pronom, qui dans la grammaire française désigne quelque chose d'indéfini, pour l'enfant, pour le tout-petit, veut dire « toi (celle ou celui qui parle) et moi ». Une maman encore fusionnelle dira à son petit si chaleureusement couvé dans ses bras : « On l'aime, ton papa ! » ou : « On a de la peine parce que papa n'est pas là, mais il ne partira jamais, on le verra toujours, on sait où il est. » Vous pouvez dire : « Papa vient vendredi » ; même si un bébé ne sait pas à quoi correspond ce vendredi, le mot dans la voix de la maman indique une date certaine. Et si le père peut laisser l'un de ses vêtements avec l'empreinte de son odeur, cela la rendra familière à l'enfant.

Lorsque le conflit est lourd entre les parents, c'est aussi au père de rassurer la mère sur l'atmosphère positive qui règne envers elle lorsque le bébé est avec lui. Une femme trompée aura bien du mal à confier son enfant pour qu'il soit « pouponné par l'autre » me disait Coralie, m'avouant ne même pas supporter l'idée que la maîtresse du père « pose les yeux » sur son petit ! Il faut surtout que le père ne la trahisse pas en prétendant s'occuper seul de l'enfant, alors qu'ils font la promenade avec lui à deux. Le respect de la sensibilité de chacun doit être absolu, pour que le temps apaise l'adulte blessé, donnant ainsi la sérénité nécessaire à l'enfant.

Lorsqu'une mère est abandonnée par le père pendant la grossesse ou à la naissance, il ne faut pas croire que parce que c'est un bébé, le soutien paternel n'est pas indispensable. La maman déprimée ne pourra pas apporter à l'enfant les messages affectifs indispensables à son développement. Le bébé ressent, à travers les expressions de sa mère, si elles sont en rapport avec ses propres émotions et avec les messages qu'il lui envoie. Le psychanalyste Daniel Stern a montré l'importance de cet accordage affectif grâce à des séances vidéo où il diffusait au bébé des images de sa mère lui répondant, filmées dans une séquence antérieure, donc sans rapport avec les propres signaux qu'il lui envoyait[1]. Le bébé inquiet présente une réaction de retrait ; il se détourne non seulement quand la mère montre un visage impassible mais aussi lorsqu'elle a une réaction qui n'est pas en rapport avec les messages que le bébé lui envoie. Si vous vous sentez seule, si vous déprimez, vous pleurez, ou

1. *Mère-enfant, les premières relations*, Mardaga, 1981.

avez le regard un peu perdu dans vos pensées, l'enfant perçoit un vide : « Où il est papa pour soutenir maman, pour s'occuper de maman ? » mais ne pourra pas exprimer son questionnement de peur de vous fragiliser encore plus. Les pères devraient toujours être très attentifs à la dépression qu'ils peuvent provoquer chez la mère de leur enfant. Ils ne peuvent pas dire à l'enfant : « Je t'aimerai toujours » et n'avoir aucun égard pour celle qui est sa base affective. Ce manque de soutien psychologique, l'enfant va le ressentir très profondément. Avoir une maman solo, très petit, ce n'est pas neutre, quels que soient le courage et la tenue de la mère en question. Il est très rare qu'une mère pleure devant son enfant. À tel point qu'en consultation, quand une maman se met à pleurer, l'enfant qui dessinait ou jouait s'arrête brutalement, et la regarde, interloqué. Alors la mère, toujours, se tourne vers l'enfant et lui dit : « C'est rien, mon petit... » essayant de ne pas lui transmettre son chagrin. Si je la vois pleurer dans mon bureau, c'est parce qu'elle me parle de ses tourments ; dès qu'elle sera retournée à l'action, elle ne pleurera plus devant son enfant. Mais lui perçoit sa tristesse. Si l'on n'y prend pas garde, cette solitude de la mère pèsera très vite sur l'enfant. Un bébé de mère seule est un enfant à haut risque de troubles du développement. Heureusement, il envoie des signes d'alerte auxquels il faut être attentif.

Le stress peut se traduire par des pleurs, des troubles du sommeil, des colères inexpliquées, des coliques. Dans une mémoire archaïque, inconsciente, l'enfant engrange l'absence du père. On n'a jamais prescrit autant de lait antireflux, de médicaments anti-acidité, autant vu de nourrissons défiler en séances de fibroscopie pour des pleurs inexpliqués ! Il faut toujours comprendre d'abord comment bébé vit à la maison avant de se lancer dans des réponses médicamenteuses. Lorsque l'enfant s'exprime avec rage, c'est fatigant mais c'est le signe qu'il a un bon tonus et qu'il réagit bien. Le plus préoccupant est la dépression du nourrisson, en écho à celle de la maman. Elle peut survenir dès ses premières semaines : après une phase de pleurs et de protestations, le nourrisson entre en atonie thymique : il répond de moins en moins aux sollicitations, son regard est souvent fixe, profond, sa gestuelle lente et ses mimiques pauvres. Ce syndrome dépressif a été décrit depuis longtemps par les pédopsychiatres Léon Kreisler et Serge Lebovici[1] lorsque le nourrisson est séparé de façon itérative de sa mère ou lorsque celle-ci est en trop grande difficulté pour lui offrir un « maternage adéquat ».

Dans le cas où c'est la mère qui a voulu la rupture, on pourrait penser que le désarroi ne sera pas aussi profond qu'après un départ du père, qu'elle sera déprimée. Mais si la mère a voulu la rupture, c'est généralement parce qu'elle était au bout d'un chemin : elle avait gardé jusque-là sa tristesse pour elle, ou bien elle a pu vouloir se protéger. Il lui faudra se faire soutenir car ce serait bien présomptueux de

1. Serge Lebovici, Léon Kreisler et Michel Fain, *L'Enfant et son corps. Études sur la clinique psychosomatique du premier âge*, PUF, 1996.

croire qu'un être seul trouverait les forces pour élever son enfant. Et si elle a voulu partir pour un compagnon, si elle a retrouvé ainsi une identité perdue, tout son être va changer, l'enfant va aussi le sentir. Même si le compagnon ne pénètre pas dans la sphère familiale, l'enfant sent sa mère différente, sa coiffure, son habillement, son maquillage, tout change, sa féminité s'éveille et l'enfant ressent cette métamorphose. Il va falloir mettre des mots dessus pour qu'il n'ait pas l'impression que ce n'est plus la même mère et qu'une partie de sa vie est comme effacée d'un coup de gomme. On ne dira jamais assez l'importance d'expliquer non par des grands discours mais par les mots justes et adaptés à son âge toutes ces métamorphoses, étape par étape.

Et puis... il y a l'enfant qui ne voit pas son papa parce qu'il ne l'a jamais vu ! Déjà, lorsque vous me posez bébé sur le lit d'examen, en me disant : « Je vous préviens, il n'a pas de papa ! », le nourrisson m'entend répondre : « Ce n'est pas possible ! » Le plus souvent, vous le reprenez, l'enveloppez de vos bras, et je vous invite à vous asseoir, à lui donner du lait, et là, avec l'air de dormir, repu, bébé écoute... Car il nous faut raconter l'histoire. Pourquoi ce bébé est venu au monde ? Comment s'est passée sa naissance, sa conception ? On ne fait pas un enfant sans un homme, quel rôle a joué cet homme ? Qu'est-ce que vous en savez ? Quel est l'homme que vous portez en vous ? C'est-à-dire quelle a été votre propre histoire avec votre père, celle de votre mère avec votre père ? C'est en la disant devant une personne affectivement neutre que vous saurez de quel homme est cet enfant. Que représente cet homme ? Nous l'examinerons et nous y reviendrons lors d'autres consultations, au gré de votre besoin, parce que dans ce premier échange, vous aurez compris que l'on peut retrouver le sens de l'histoire avec le pédiatre de l'enfant, une psychologue et des professionnels bienveillants.

Si vous avez la sensation d'avoir été abandonnée par cet homme ou si, comme vous me le dites assez souvent, vous avez préféré qu'il ne le reconnaisse pas parce que vous ne vouliez pas qu'il soit présent dans votre vie, alors il est certain que l'enfant ressentira un grand vide. En aucun cas il ne faut essayer de rayer toute trace du père. Si vous êtes trop en souffrance pour pouvoir en parler à ce moment-là, gardez bien tous les éléments de son histoire dont vous disposez. Sachez qu'un jour ou l'autre votre enfant vous posera les questions, par la parole, par son comportement ou par son corps.

Si les absences du père ne sont pas dues à une séparation de cœur mais à son activité professionnelle (il travaille sur des puits de pétrole ou dans un sous-marin, par exemple), vous devez donner sens à ces absences : « Papa travaille pour nous, on l'aime, ton papa ! » L'enfant perçoit la douceur de vos propos et son père est présent affectivement. Les conversations en famille où l'on parle facilement du père avec son prénom, et quand vous vous adressez au bébé en disant « ton papa ! » ; les photos qui montrent non seulement un portrait du père mais des images de son lieu de travail, tout cela donne une présence qui fait que l'enfant ne sera pas affecté. S'il téléphone, ne passez pas le combiné au bébé, il aurait une étrange impression d'outre-tombe. Les images par Skype ne feront pas mieux : jusqu'à 18 mois, le bébé ne leur donne aucune réalité ! Par contre, téléphonez avec l'enfant sur vos genoux : à votre joie, vos baisers envoyés, il sait que vous n'êtes pas seuls tous les deux ; il connaît papa à travers le bonheur de maman.

Que dire à un enfant de 2 à 4 ans ?

Il commence à dire quelques mots, mais il ne posera pas directement la question parce qu'il sait à peine s'il est fille ou garçon. Ne sachant pas encore vraiment son propre sexe, il croit que sa mère a avalé la petite graine qui lui a permis de se développer dans son ventre. Pour lui, il n'y a pas encore besoin de papa. En même temps, il commence à se confronter au monde extérieur : au bac à sable, à la crèche, les bébés ont des papas qui viennent les chercher... lui réalise qu'il n'en a pas. La mère est souvent tentée de combler le manque par la présence d'un oncle, d'un parrain ou de son propre père. La démarche est certes bénéfique, donnant à l'enfant la connaissance de l'homme, de la virilité, mais cela ne lui dit pas qui est son père car ce n'est pas avec ces personnes que vous l'avez fait...

Il est très important de partager les sentiments de l'enfant. Ce n'est pas en disant : « Il ne se passe rien, ne t'inquiète pas, je suis là et tout va aller bien » que vous allez résoudre son angoisse, il sait que papa s'est énervé et qu'il est parti. Votre enfant ne pourra exprimer ses sentiments que par la colère ou le repli sur soi s'il se sent impuissant. Il faut que vous puissiez mettre des mots sur ses crises, sur ses bouderies, ses jets d'objets, ses morsures à la crèche. Le mot magique, là encore, c'est le « on » à la place de « tu ». « On », c'est le partage, un mot qui permet de montrer que vous êtes dans un même bateau, lui et vous : « Oui, on est triste parce que papa n'est pas là. Où il est papa ? » Et là on pose des questions, on se raconte des histoires, au besoin on l'appelle, on fait un dessin pour lui, alors l'enfant se sent soutenu et compris.

Si le père a disparu de votre histoire, le mieux est de partager l'interrogation avec l'enfant : « Toi aussi, tu as un papa, on ne sait pas très bien quand on le verra... » À cet âge très préoccupé par la triade père-mère-enfant, montrez que chez les canetons de la mare, on ne voit pas toujours où se promène le papa... Accepter qu'il y ait une part de mystère en se posant la question avec l'enfant, c'est ouvrir le débat. L'enfant n'est alors pas seul avec ses interrogations. Au fur et à mesure qu'il va grandir et pouvoir réfléchir, il osera les formuler. Plus tard... Entre 2 et 4 ans, l'enfant est plus dans la construction que dans le questionnement.

Facilitez le « passage de témoin » : à cet âge, l'enfant est souvent débordé par ses émotions, il n'arrive plus à les gérer, il préfère se sauver ou se cacher. Pour faciliter le passage vers le papa (et réciproquement au retour), proposez-lui un objectif, comme un magazine chez le marchand de journaux, une histoire à raconter, quelques autocollants à placer... Ce n'est pas acheter l'enfant que lui donner un petit objet intéressant, c'est l'honorer en se présentant (on dit bien un « présent »). L'enfant qui va avec papa pour raconter l'histoire de Tchoupi est beaucoup moins directement interpellé par les émotions de ses parents que s'il est happé dans de grands bras et serré avec tout le chagrin du monde. Trop chargé des affects d'adulte, il peut très bien refuser de suivre le père, ou s'effondrer psychologiquement en entrant dans une crise de nerfs ingérable. Restez donc des adultes : si vous avez du chagrin, dites-le entre vous, paisiblement, en déjeunant ensemble... sans l'enfant !

Votre cœur est peut-être trop lourd pour pouvoir lui parler de son père, et puis, vous avez peur de lui faire mal... Choisissez alors un petit matériel pour déplacer vos propos sur une famille virtuelle : vous pourrez lui parler de papa à travers des histoires, des familles d'animaux, et petit à petit il sera permis de dire que, bien sûr, il faut un papa et une maman pour faire des bébés. Le plus important est de lui dire que lui aussi a un père. Ce papa a disparu de votre histoire mais il n'a pas disparu de la planète... Le mieux est de partager l'interrogation avec l'enfant en disant : « Oui, tu vois, les bébés canards ont une maman et un papa. Tu as une maman et on se demande bien ce qui est arrivé avec ton papa. Mais on ne sait pas trop... » Les autres personnes de l'entourage de l'enfant doivent respecter la sensibilité des parents. Si la question leur semble se poser, elle n'est pas encore directe à cet âge, ils peuvent dire au petit : « Oui, on se demande... Peut-être qu'on en parlera avec maman ? »

Si le papa est bien présent et vient régulièrement chercher l'enfant, les colères sont fréquentes pendant les heures qui suivent chaque changement. N'en déduisez pas automatiquement qu'il refuse son père. Les changements d'univers spatial mais surtout affectif sont compliqués pour l'enfant de cet âge. De la même façon que lorsque vous allez le chercher chez sa nounou, il peut se mettre à courir à l'autre bout de la pièce et se cacher derrière un siège : cela ne veut pas dire qu'il n'a pas envie de voir sa mère mais simplement qu'il est trop ému de la revoir.

Tristesse ou colère, troubles du sommeil ou sphinctériens, voilà la façon de dire son mal-être pour un enfant entre 2 et 4 ans. Si la famille ne sait pas interpréter ses messages, il se sentira d'autant plus perdu que toute sa vie quotidienne repose principalement sur une seule personne. Élargir le cercle social autour de l'enfant sans papa est indispensable. La comparaison avec les autres enfants l'interpelle : « Et moi, il est où mon papa ? », mais c'est vers 5 ans qu'il le dira avec vos mots.

Que dire à un enfant de 4 à 6 ans ?

C'est entre 4 et 6 ans que l'enfant pose la question le plus explicitement : « Il est où mon papa ? » Lorsque vous venez de vous séparer et que papa ne rentre pas, évidemment cette question vous fend le cœur tant vous avez peur que votre enfant soit perturbé psychologiquement par cette séparation. Maintenant, l'enfant parle bien et vous pensez peut-être qu'il vous sera plus facile de lui expliquer la situation. Mais le mode de pensée propre à cet âge n'est pas celui de l'adulte, même si le langage est plus élaboré. Quand vous venez me voir pour me demander : «Comment lui dire ?», vous pensez à ce qui vous arrive, mais vous ne réalisez pas ce qui se passera dans la tête de votre enfant. Ce qui vous arrive, c'est l'effondrement de votre projet, celui d'une famille classique avec un enfant élevé par ses deux parents, main dans la main ; c'est votre sentiment d'être trahi, l'un ou l'autre, sentiment de déchirure, d'échec et de culpabilité vis-à-vis de l'enfant.

À ce moment-là bien des erreurs sont commises, dont voici les plus classiques :

• On vous a dit, et vous l'avez lu partout, que l'enfant craignait que ce soit «de sa faute». Aussi arrivez-vous souvent avec des phrases toutes faites, prêtes à dire : «Docteur, je lui dirai que je l'aime, et que son père et moi, nous l'aimerons toujours.» Ce sont des histoires de grandes personnes. Votre séparation rend tout à fait non crédible la phrase : «Toi, je t'aimerai toujours» – encore heureux, d'ailleurs ! Bien sûr qu'on aime et qu'on aimera toujours son enfant. Il le sent inconsciemment, le dire crée plutôt la suspicion quant à la réalité des sentiments, et ne résout rien au problème de la séparation parentale.

• On dit volontiers : «Ce sont des problèmes

d'adultes, ça ne te regarde pas ! » alors que sa vie va être complètement bouleversée. Mieux vaut lui parler de ce qui va lui arriver, à lui : mettez-vous à hauteur de son mètre (sa taille à 4 ans) pour comprendre ce que lui va vivre. C'est ce qui le concerne. Et les mots vont devoir être différents à chaque étape pour lui dire et redire ce qu'il va vivre. Il existe un étrange malentendu entre les parents et les enfants. Je dis « malentendu » au sens propre : chacun n'entend pas l'autre. Sous l'influence des discours généralement convenus, les parents disent : « Les problèmes des grands, ça ne te regarde pas », espérant ainsi protéger leur enfant de leurs souffrances et lui éviter de se sentir responsable de ce qui leur arrive. C'est étrange car la vie de l'enfant va s'en trouver totalement modifiée : son rythme basique de vie, là où il va dormir, quand il va voir son autre parent. Votre humeur qui conditionne vos jeux avec lui, la perte de votre joie de vivre vont modifier profondément sa propre vie. L'éventualité d'une autre compagne ou d'un autre compagnon dans le paysage va changer votre disponibilité, votre comportement. Donc le départ de son papa le regarde, et le regarde immensément ! Il a besoin de comprendre non pas le roman qui se joue entre le père et la mère mais ce qui va lui arriver, qui dépend de ce roman. Comme disait Françoise Dolto, « il faut dire à l'enfant les vérités qui le concernent », et le départ de son père le concerne. Souvent vous me parlez de « divorce », c'est un terme juridique qui ne concerne pas l'enfant car il a généralement lieu après la séparation physique. Le changement d'appartement, c'est cela qui modifie sa situation, au moment où papa n'habite plus la même maison. C'est ce moment-là qui s'inscrit dans sa mémoire, quel que soit son âge, comme le moment où il y a rupture, où il y a mystère : il ne sait plus où est son papa. C'est sur cela que vous allez devoir mettre des mots qui vont reposer sur des principes fondamentaux ayant trait à la vie de l'enfant. Qu'est-ce qui va lui arriver ? La première chose c'est que son papa ne va plus être quotidiennement dans le lit, au petit déjeuner, au coucher, le soir, avec sa maman. Il les verra alternativement ou peut-être pour une sortie groupée, mais ce ne sera pas pour « tous les dodos », pour les moments intimes, pour toutes ces tâches que l'on fait dans un appartement et auxquelles participe un père. Il ne lui préparera plus son chocolat tous les matins en même temps que le thé pour maman. C'est tout cela qui va changer.

• Vous croyez aussi le rassurer en affirmant : « Ton papa t'aime » ; oui, mais son papa, il est où ? À 5 ans, les journées sont très longues, se dire qu'il va le revoir mercredi ou le week-end prochain, c'est une éternité. Qu'est-ce que son papa va devenir en attendant ? À cet âge, ce qui est important est de savoir où est son père, pendant ses absences ; et ce que lui, enfant, va devenir, alors que le couple de ses parents, le couple fondateur, a éclaté. Cette explosion est ressentie comme un déni de la raison de sa venue au monde. Un tremblement de terre est arrivé, les deux continents qui l'ont créé se sont séparés. Il va falloir rétablir un pont, par les sentiments que vous saurez garder ou reconstruire, sentiments d'affection, d'amitié avec le papa, et par le dialogue que vous maintiendrez.

Si vous dites à l'enfant : «Tu sais, nous, papa et maman, ensemble, nous sommes fatigués, nous avons besoin de deux maisons pour être plus reposés», étrangement l'enfant le comprend très bien. Il sait bien que lors de disputes entre enfants, ils iront chacun dans sa chambre pour se calmer. On a besoin de son univers, de ses repères, d'un repli sur soi, de penser, d'être au calme, et après, on se retrouve. Dire que vous êtes «fatigués» n'est pas mentir, car nous avons vu tous les facteurs qui font que, vraiment, vous êtes épuisés : un épuisement mental et physique est réellement corrélé avec les grossesses; puis les soins et l'attention qu'il faut porter à un enfant en bas âge, la conciliation entre la vie professionnelle et la vie privée; le père, lui, a dû chercher son rôle, entre virilité et paternité. L'épuisement nerveux a eu raison de votre complicité.

Ce n'est pas une raison pour vous haïr, pratiquer la terre brûlée sur les restes de votre relation, parce qu'au milieu, il y a un ou plusieurs petits ! On confond l'amour passionnel, l'amour sensuel, l'amour érotique... avec l'affection, la tendresse. Vous n'êtes pas obligés de passer de l'amour passionnel à la haine ! Pouvoir ressentir toute une palette de sentiments est la noblesse de l'être humain. Votre union, à l'origine de la vie de l'enfant, doit garder son sens. La phrase magique, c'est donc : «Ton papa, je l'aimerai toujours», paroles qui doivent se retrouver en écho dans la bouche du père. Peut-être ne ressentez-vous pas ces sentiments positifs sous le poids de la déception, mais il faut vous replonger dans ce qui, chez cet homme, chez cette femme, vous avait tant attiré, au point que cette étreinte amoureuse a abouti à un enfant, au point de vouloir garder cet enfant, de le mettre au monde, l'enfant de cette personne. Repensez aux côtés positifs de son caractère. En réactivant ces circuits de votre mémoire pour retrouver la noblesse du désir d'enfant, de la conception, du désir de maternité ou paternité, de la force de mettre au monde ou d'assister à la naissance, vous pourrez continuer de partager ce projet parental et dire à l'enfant : « J'aimerai toujours ton papa », « J'aimerai toujours ta maman ». Votre propre vie en sera plus heureuse car l'on ne bâtit pas son destin sur la terre brûlée. « Il faut être deux pour tenir ce discours ! » me direz-vous. Oui, mais si déjà l'un des deux parents a cet objectif, si vous choisissez cette attitude, si vous en envoyez les signaux, l'autre évoluera, la crise passée, dans le même sens. Envoyer des signaux, c'est dire à l'enfant : « C'est maman qui t'a fait ces couettes ? Ça te va très bien ! », « C'est papa qui t'a acheté ces chaussures ? Elles sont vraiment belles ! » au lieu des mots qui « tuent » comme : « Chez moi, on se brosse les dents ! » (sous-entendu : chez l'autre...). Ainsi, vous déminez le terrain et la carapace finira par craquer, pour la plus grande sérénité de l'enfant : « Mon existence a un sens puisque mes parents restent des amis ! »

Et surtout, ne mêlez pas l'enfant à vos considérations financières ! J'entends trop souvent les petits me parler de « papa qui dit qu'il n'a pas d'argent », d'activités extrascolaires dont les frais devraient revenir à l'un ou à l'autre... Et quand enfin vous avez conscience de devoir éviter ces détails sordides, ce sont les grands-parents qui lâchent le morceau... Les tensions autour des pensions alimentaires, celles du père qui a l'impression de n'être que le pourvoyeur de prestations, détruisent la solidarité familiale qui devrait pourtant toujours exister même après un divorce. Mon conseil : dès que l'idée de séparation s'impose, déléguez à un avocat la gestion des questions financières et refusez d'en parler directement avec l'autre parent. C'est la seule méthode pour ne pas mêler le matériel et l'affectif. N'hésitez pas à vous dire totalement incapable, émotionnellement, d'apprécier ce genre de problèmes, et coupez court à tout dialogue à ce sujet. Vous vous protégerez, mais protégerez aussi l'image du père. Et lorsque la décision sera prise par les juges, ne la discutez éventuellement que dans le bureau de l'avocat, qui pourra revenir devant le juge et échanger avec l'avocat du père pour un nouvel accord. Cette prise de distance avec les discussions financières préserve l'enfant d'avoir à se placer lui-même en témoin, voire en juge, des insuffisances matérielles supposées de l'autre. Et ne croyez pas, en invoquant une défaillance du père, être plus aimée par votre enfant. Le sentiment de précarité du foyer et d'irresponsabilité du père affectera l'enfant dans sa propre estime de lui-même ; il risque fort de préférer fuir, en grandissant, ces lamentations sur lesquelles il était si impuissant.

Vous ne repousserez pas ses questions. S'il demande : «Est-ce qu'on va changer de maison ?» alors que vous-même ne savez pas, n'utilisez pas cette éventualité angoissante pour culpabiliser l'autre parent. Il vaudra mieux dire : «Pour l'instant on ne change pas de maison. Plus tard, je ne sais pas, mais je n'ai pas envie de changer de maison. On verra...» Pensez toujours que le temps de l'enfant est beaucoup plus long que le vôtre, ayez une vérité du présent. S'il demande : «Est-ce que je vais rester dans la même école ?» – ce qui est très important en général pour lui, sauf s'il s'y sent mal –, commencez par demander : «De quoi aurais-tu envie ? Qu'est-ce que tu aimerais ? Est-ce que tu l'aimes, ton école ?» En échangeant sur cette école que l'on aime, ses copains, sa maîtresse, vous partagez l'envie de ne pas en changer. Tant que vous ne savez pas exactement ce qui arrivera pour lui, n'essayez pas de trop anticiper.

Par contre, vous devez annoncer les changements quand tout est clair à courte échéance. Ce qui est annoncé et n'arrive pas vite est plus inquiétant. L'enfant, envers lequel vous avez déjà perdu en crédibilité, peut se dire que, dans la vie, l'on peut raconter n'importe quoi... Un mois pour vous est une éternité pour lui. Si l'enfant demande : «Où j'irai pour Noël ?», vous avez le droit de poser d'abord la question : «Où étions-nous pour Noël l'an dernier ?» Vous ressortez les photos pour visualiser Noël, et papa était là : «On va voir si on peut passer Noël ensemble, parce que ce serait encore un très bon souvenir !» Partagez les problématiques, ne vous croyez pas obligée de répondre à tout quand vous ne savez pas. Le repère de l'enfant, c'est sa maison dans le présent. Vous ne devez pas mentir mais vous ne devez pas lui transmettre vos angoisses sur le futur.

« Tu as de la chance, tu vas avoir deux maisons » est un argument qui ne tient pas ! N'essayez pas de faire croire à l'enfant qu'avoir deux maisons est une chance, aucun enfant ne le considère vraiment. L'enfant préfère que tout son monde soit rassemblé et que sa vie soit protégée par deux adultes qui s'entraident.

« Ne t'inquiète pas, papa va revenir » laisse un vide dans le temps comme dans l'espace : cela ne dit pas où est le père ! Dans les conditions les plus favorables, vous vous êtes quittés d'un commun accord, vous étiez au bout du chemin l'un comme l'autre, et votre séparation est paisible. Le père a déjà organisé son propre domicile et l'enfant peut d'emblée voir où est la maison de papa.

« Nous allons voir où tu joueras chez papa » doit pouvoir se dire dès le départ du père. Si l'enfant sait déjà physiquement où est son père, s'il peut y avoir quelques objets personnels dès son arrivée, il sera moins angoissé, le sentiment d'abandon sera moins douloureux. Il faut donc espérer que le père aura pu s'installer dans un chez-soi, et que vous puissiez vous-même, avec l'enfant, aller prendre un petit café dans son appartement, laisser quelques objets. Certes l'enfant risque de pleurer en réalisant que son père a un autre lit, installé ailleurs, mais les pleurs, les chagrins exprimés font moins de préjudice au développement que les interrogations muettes sur des changements aussi essentiels.

«Moi aussi, je me demande où il est, papa» est la meilleure façon de répondre pour la mère qui ne sait pas où loge le père, et qui ne peut y aller... En partageant l'interrogation de l'enfant, vous absorbez une partie de son angoisse. Et, bien sûr, vous le rassurez sur la lumière qui sera faite, vous allez le savoir... C'est évidemment simple quand le papa habite chez les grands-parents paternels, situation assez naturelle correspondant à l'arbre généalogique de l'enfant. C'est un petit peu plus difficile quand papa a pris une autre maison, mais pas si celle-ci n'est pas loin, si elle est aménagée de telle sorte que l'enfant prenne vite ses repères, si maman a pu la voir. C'est un peu plus compliqué si papa a pris un petit studio provisoire, un refuge dans lequel il n'y a pas place pour l'enfant, mais ce n'est pas pour autant qu'il faudra le cacher à l'enfant. Plus compliqué encore si papa est parti directement chez une nouvelle compagne, que maman n'a pas du tout l'intention de faire rencontrer à son enfant; les mots devront alors être sincères : «Papa dort chez une amie que maman n'a pas envie de rencontrer maintenant, mais nous irons voir papa chez mamie, ou à son travail...»

Enfin, vous pensez parfois que certaines situations du père sont vraiment indicibles... Nous verrons la question des papas malades ou des pères en prison avec toujours ce principe : mentir à l'enfant n'est pas le protéger.

«Mon papa, il est toujours dans la télé», me dit

Léo qui ne voit son père, basé en Polynésie, que sur l'écran de leur ordinateur. Lorsque le père est installé à distance du domicile maternel, avoir une webcam est d'un grand intérêt. Mais pour donner aux images de la réalité, élargissez le champ à tout l'appartement, envoyez un objet que le petit verra ensuite chez papa. Attention au téléphone, car la voix sans le visage est quelque chose qui paraît assez étrange aux jeunes enfants. Je connais des familles séparées où le parent absent téléphone tous les jours à l'enfant ; il ne faut pas être étonné si le petit ne veut pas venir parler : occupés à jouer, les enfants n'ont pas grand-chose à dire au téléphone. C'est parce qu'il entendra sa maman converser amicalement avec son ex-conjoint que l'enfant viendra spontanément parler. Mais il se peut qu'il ne manifeste son envie d'entendre son père qu'une fois la communication interrompue, ou même qu'il continue de jouer tout simplement parce qu'il se sent bien de savoir que papa a appelé et parlé à la mère. Pouvoir communiquer est très important, mais il ne faut pas que cela envahisse la vie de l'enfant, ni devienne intrusif dans l'intimité de l'autre...

« Tu peux me dire ce que tu as dans ton cœur » est une formule qui ne peut encourager un enfant à se confier que s'il sent son interlocuteur à la fois neutre vis-à-vis de ses parents et bienveillant vis-à-vis de lui. Il lui sera difficile de dire ce qu'il ressent vraiment à l'un de vous deux car l'enfant sait très bien ce qu'il ne doit pas dire pour ne pas vous bouleverser et fragiliser son environnement immédiat. Un exemple extérieur à votre foyer peut l'encourager à s'exprimer : en parlant de ses amis, des parents des amis, des situations que vivent les autres familles autour de vous, en feuilletant ensemble les albums de photos, en racontant tous ces contes de fées où l'un des parents va disparaître, alors vous ouvrez la porte à ses commentaires et ses réflexions car il est plus facile pour l'enfant de parler de la détresse du héros ou de la situation difficile d'un petit copain dont les parents se séparent que de dire sa propre détresse. Par votre analyse de la situation d'un ami, il saura qu'il peut se confier à vous sans que votre vie psychique soit trop fragilisée.

Écoutez les silences, si vous sentez que votre enfant a une parole contrainte parce qu'il a peur de vous faire de la peine : combien ne disent jamais le nom du nouveau bébé de papa, ou s'interdisent de dire, au retour du week-end, les bons moments passés avec le père ou avec la nouvelle amie du père... En restant tabous, ces sujets confinent les chagrins au fond du cœur de l'enfant.

Comment répondre s'il ne connaît pas son géniteur ?

De plus en plus d'enfants « n'ont pas de papa » dès leur conception, en cours de grossesse ou dès les premières semaines. Ils vont souvent avoir toute une succession de papas, leur géniteur, puis le mari de maman, puis son deuxième compagnon, avant qu'une nouvelle rupture survienne qui réactive les mystères du passé...

La maman de Krystel veut me voir seule : elle me confie qu'elle ne sait pas qui est le père de sa fille. Officiellement, son papa est le mari dont elle est en train de divorcer. Ils se sont connus alors qu'elle était déjà enceinte de Krystel, l'époux a assumé la paternité et cela n'a jamais été révélé à l'enfant, qui a eu depuis une petite sœur. Mais en réalité, la maman a eu deux aventures concomitantes et s'en est confiée à Fabrice avant de l'épouser. Dès lors qu'elle demande le divorce, le mari menace de tout révéler à la fillette : il n'est pas son père, on ne sait même pas qui est son père, c'est dire la légèreté de la mère..., tout en assurant que, bien sûr, il est son papa, il l'a reconnue, il l'aimera toujours... Inutile de dire combien la mère est tétanisée de dire la « vérité » à sa fille !

On voit là comment les secrets de famille, en cherchant à protéger un enfant, peuvent être de redoutables bombes à retardement. La vérité pure et dure à tout prix, quand elle est différée, est parfois une façon cruelle de blesser... Un espace de parole permettra à ce papa de renoncer à son projet, du moins dans le court terme, au moment où le divorce crée déjà tant de remises en cause pour l'environnement de Krystel.

Faut-il lever l'anonymat du don de sperme ? Les auditions de la commission de bioéthique à l'Assemblée nationale ont permis d'entendre ce qu'en ressentent les enfants nés ainsi. Certains se sont regroupés en association pour lever le secret des origines, d'autres nous ont dit ne pas avoir besoin de connaître l'homme qui leur avait transmis son patrimoine génétique, ils étaient heureux d'avoir été élevés par leurs parents, peu leur importait qui avait donné les paillettes de sperme. En tant que députés, nous avons opté pour une loi ne levant pas l'anonymat par crainte de voir le nombre de donneurs au CECOS (Centre d'étude et de conservation des œufs et du sperme humains), établissement public, diminuer, et un marché parallèle s'établir !

Dans mon expérience médicale, ayant accueilli nombre de ces enfants à la naissance puis les ayant suivis et vus devenir adultes, je peux dire qu'ils s'épanouissent comme les autres, et j'en viens à oublier le recours au don. Mais la question peut ressurgir, surtout en cas de divorce... Mon conseil : inutile de clamer à tout votre entourage que vous avez eu recours à l'insémination avec don de sperme ; cela ressortit à l'intime, de la même façon que vous ne diriez pas dans quelle position amoureuse vous avez conçu l'enfant... Vous ne révélerez qu'à lui cette aide médicale à sa procréation, quand vous le sentirez prêt à l'entendre ou si des troubles du comportement conduisent un psychologue à vous y inciter, ou quand il sera lui-même en âge de procréer. Par cette pudeur, vous éviterez des regards qui pourraient peser sur lui, les uns cherchant les ressemblances et les dissemblances, tel grand-père ne le considérant pas comme vraiment de la lignée... Cet impératif de discrétion trouve toute son importance en cas de séparation du couple, car alors j'ai vu des rejets par la belle-famille confinant au déni total de paternité : les cadeaux de Noël n'étaient plus les mêmes que ceux des cousins, les commentaires étaient volontiers humiliants... Vous lui devez la vérité mais quand elle le concernera, et non à l'entourage : c'est son secret et celui de votre conjoint.

Le déni sociétal du géniteur est à son comble pour l'enfant adopté : il ne viendrait à l'idée de personne aujourd'hui de cacher à l'enfant son adoption, et l'on progresse vers la transparence de ses origines en proposant à la mère qui accouche « sous X », comme on disait, de laisser un témoignage permettant à l'enfant de connaître son histoire, et même éventuellement, si plus tard la génitrice en est d'accord, de la retrouver. En revanche il n'y a aucun travail sur le géniteur, qui est supposé homme de passage non identifiable, laissant planer sur la situation de la mère une impression de grande vulnérabilité... Ce silence arrange tout le monde, mais pour l'enfant, le mystère est d'autant plus lourd : qui est cet homme qui l'a engendré ? Pourquoi sa mère a-t-elle eu un rapport avec lui ? Ces questions sur ses origines sont d'autant plus réactivées lorsque les parents de l'enfant en viennent à se séparer. Or les séparations après adoption ne sont pas rares. Ces enfants qui ont déjà vécu un premier abandon vivront très douloureusement un deuxième, se convainquant qu'ils ne méritent pas d'avoir un père, ou une mère... à moins que les parents ne soient conscients de leur responsabilité. Elle ne les oblige pas à vivre sous le même toit mais en tout cas à se respecter l'un l'autre pour pouvoir continuer à être crédibles dans leur démarche pour les enfants. S'ils savent que, justement parce qu'on les a tant désirés, parce qu'ils le méritent, parce qu'ils sont vraiment valables, intéressants et magnifiques, même si papa va vers d'autres amours, il protégera et respectera ses enfants et donc leur mère, alors ils grandiront en paix !

Chapitre VI

Le papa manque-t-il plus à...

... l'enfant unique ?

Vous pensez souvent que ce sera plus difficile car il n'a pas de frères et sœurs pour donner de la vitalité joyeuse au foyer : la fratrie, avec ses parties de fous rires, les bêtises communes et les disputes en tout genre, permet de relativiser les difficultés relationnelles entre les parents. Mais dans la situation de l'enfant unique, c'est surtout du plus grand risque de relation fusionnelle avec la mère qu'il faut être conscient : le « contrat » implicite de réussite, de gratitude, de béquille consolatrice qui pèse sur lui impose d'autant plus de tout faire pour sauvegarder une bonne relation et une présence fréquente du père. Le soutien de la famille, permettant à la mère d'élargir son cercle et de combattre sa tristesse, est d'autant plus important dans ce cas ; non pas que les cousins et les copains puissent le distraire et lui faire « oublier » qu'il ne voit pas son père, c'est surtout la joie de vivre de sa mère qui lui permet de ne pas avoir un trop gros poids sur ses épaules.

Une fratrie recomposée peut contribuer à l'élargissement de ce cercle mais elle pose d'autres problèmes (dont nous parlerons plus loin). Si un nouveau bébé apporte de la joie, de la vie, de l'espièglerie dans l'univers souvent assez triste de l'enfant aux parents séparés, ce bébé réactive aussi la souffrance de ne pas avoir ses deux parents sous le même toit et, à l'adolescence, de devoir faire face à la sexualité d'un de ses parents au moment où lui-même s'affirme dans son corps.

... l'aîné ?

Ne vous étonnez pas s'il exprime plus d'inquiétude que les autres, s'il se ronge les ongles, a des tics, mal au ventre, s'angoisse pour sa mère, ou partage le chagrin du père. C'est le porte-drapeau de la fratrie, les autres enfants comptent sur lui pour vous dire la tristesse, la colère, la fatigue ou l'angoisse. Les plus petits ont l'air insouciant, dans leurs jeux... mais leurs oreilles ne perdent pas une miette de vos échanges avec le grand. Il faut être attentif à leur donner du temps même s'ils essaient de ne pas troubler votre rapport avec l'aîné, semblant plus doués pour jouer tout seuls, car ils risquent ensuite d'extérioriser leur manque de papa par de la turbulence, des provocations d'autant plus fortes qu'accaparée par l'aîné, la maman n'a pas assez de temps pour eux.

Nous allons voir que l'on pourra séparer par instants la fratrie pour favoriser les moments en duo avec le père, l'idée du « toujours heureux tant qu'ils sont tous ensemble » n'étant vraie que dans les images d'Épinal...

... l'enfant selon son sexe ?

Les parents pensent communément que la séparation d'avec le papa est plus grave quand il s'agit d'un garçon. C'est pourquoi d'ailleurs les statistiques montrent que l'on se sépare moins quand on a un garçon, et que les concubins se marient plus quand ils ont un garçon ! Plusieurs économistes ont en effet démontré, aux États-Unis[1] et en Australie[2], qu'il y avait un lien entre le risque de séparation et le sexe des enfants. Votre union serait en effet plus fragile si vous avez une fille que si vous êtes parents d'un garçon ; et si vous avez trois filles, le risque est encore deux fois plus grand que si vous avez trois garçons ! Ainsi le père se sent-il plus investi et plus nécessaire auprès d'un garçon. Depuis la nuit des temps, le garçon, l'« héritier », est plus valorisé que la fille, et les parents d'aujourd'hui sont toujours convaincus que la vie sera plus simple pour un garçon, la société lui concédant une existence plus facile, un salaire plus élevé à diplôme égal, des tâches quotidiennes moins

1. Gordon Dahl, de l'université de Rochester, et Enrico Moretti, de l'université de Los Angeles (www.babyfrance.com).
2. Andrew Leigh, chercheur de l'Université nationale d'Australie, a analysé 60 000 familles grâce aux recensements nationaux réalisés pendant vingt ans, de 1981 à 2001.

fastidieuses... qu'à la fille. Heureusement, une fois qu'ils ont eu un fils, la venue d'une fille consacre le « choix du roi » et c'est cette configuration mixte qui est la plus bénéfique à la pérennité du couple. Ouf !

Mais si les papas restent plus au foyer lorsqu'il y a un ou des garçons, c'est aussi avec l'idée que la figure masculine est particulièrement nécessaire à leur développement. D'abord en termes d'autorité : la société pense couramment que le père pose les interdits plus facilement que la mère. Mais en pratique, bien des figures de pères autoritaires se voient dénier tout commandement par leur fils, et le nombre est grand d'enfants de policiers ou hauts fonctionnaires devenus brigands ou marginaux... Car autorité ne veut pas dire autoritarisme ! L'autorité est plus facile lorsque les deux parents s'entendent, dans une cohérence et une sérénité affective.

Le départ retardé d'un père de garçon s'explique aussi par l'idée de nécessité de la présence du modèle masculin à la maison, auquel le garçon pourra s'identifier. En effet, si à 18 mois le garçon sait qu'il est un garçon, il rêve de faire couple avec sa mère. La présence de son père, amoureux de maman, l'aide à trouver sa place de fils, comme celui-là, pour avoir une femme plus tard... C'est ce qu'on appelle la résolution du complexe d'Œdipe, qui survient en général vers 5 ans. Alors le garçon connaît son sexe et a déterminé son orientation sexuelle. Savoir si l'attirance pour une personne de même sexe est génétique ou due à l'environnement est un débat très nourri actuellement, en tout cas la pratique clinique montre que l'orientation sexuelle n'est pas volontaire et se détermine très précocement. « À 3 ans, les jeux sont faits pour ce qui est de la notion masculin-féminin chez l'enfant, disait Françoise Dolto. Ensuite c'est, pour le garçon, l'identification à celui des parents qui semble jouer le rôle masculin dans la vie. Si le rôle masculin semble être joué par une maîtresse plus que par le père, il s'identifiera à la maîtresse[1]. » Le souci est donc que l'absence du père puisse gêner les processus d'identification du garçon.

Mais en réalité, cette absence posera un problème tout aussi complexe à la fille. Elle a besoin de s'identifier à sa mère par rapport au père, besoin de sentir qu'elle est différente de lui, pour investir en même temps ce qu'est un homme et savoir comment se passent les relations entre hommes et femmes. Une fille admirée par son père, valorisée et respectée par lui, sera moins fragile à l'adolescence et à l'âge adulte, moins susceptible de se faire maltraiter par un homme plus tard parce qu'elle ne recherchera pas la reconnaissance de n'importe quel homme. Que son père l'admire, que son père trouve qu'elle est valable, elle n'aura pas besoin de céder aux avances du premier venu. Voir aussi les signes de respect et de tendresse prodigués à la mère par le père encourage la fille dans sa féminité. Tout cela lui donne une confiance en elle qui lui sera bénéfique pour choisir son compagnon comme pour mener sa vie professionnelle... Même si, au quotidien, la fille se sentira souvent mieux avec sa

1. *Les Étapes majeures de l'enfance*, *op. cit.*

mère, le père pouvant tenir sa place à travers les paroles que l'on dit de lui et qui le font exister. Affirmer à une fille : « Papa pourrait t'aider sur ce devoir, il est bon en maths » ou : « Ton père adorera ton gâteau au chocolat, on lui en garde une part » lui permet d'intérioriser ce père absent et de le percevoir dans ses repères.

La fonction paternelle agit donc sur l'ensemble de la personnalité de l'enfant, qu'il soit fille comme garçon. J'ai développé cette influence dans les deux tomes de *Dolto en héritage*[1].

On ne sera alors pas étonné que le spécialiste des sciences familiales Robert Hughes[2] ait pu déterminer des différences dans les conséquences du divorce selon le sexe des enfants :

• Les garçons du divorce semblent avoir des difficultés plus grandes : en âge scolaire, les garçons seront plus susceptibles (pas tous !) d'être agressifs, de passer à l'adolescence plus de temps avec des pairs déviants, de s'engager dans un comportement délinquant, d'abuser de substances illicites, de s'engager dans un comportement sexuel précoce. Ils consacrent moins de temps à l'école ou à leurs devoirs.

• Les filles, elles, sont plus sujettes à la dépression, ce qui peut nuire à leur capacité de concentration sur leurs travaux scolaires et d'ardeur au travail. Elles ont un plus grand risque d'être impliquées dans des com-

1. Robert Laffont, 2005 et 2006.
2. Professeur agrégé au département du développement humain et des sciences familiales à l'université d'État de l'Ohio.

portements sexuels précoces, conduisant à un taux plus élevé de grossesse chez les adolescentes du divorce.

Heureusement, le Pr Robert Hughes souligne un trait positif chez tous ces enfants quel que soit leur sexe : «Le côté positif de leur situation est qu'ils semblent finalement plus débrouillards, capables de rebondir plus facilement sur les échecs et relativisent plus aisément les petits soucis du quotidien[1]. »

Si ces effets secondaires ne sont pas inéluctables, bien les connaître permet de préparer les paroles qui seront dites aux enfants et l'organisation que l'on adoptera pour leur éducation en fonction des conséquences ainsi relevées le plus fréquemment, selon leur sexe.

1. Peggy Patten, «Divorce and Children. Part I : An interview with Robert Hughes Jr., Ph.D. », *Parent News* (online), 5 (5), 1999.

Chapitre VII

Si la séparation est conflictuelle

La séparation est toujours peu ou prou douloureuse. Comme une opération chirurgicale, elle demande à être bien préparée, bien exercée, pour avoir le moins possible de séquelles. Malheureusement, vous vous laissez trop souvent submerger par le sentiment d'incompréhension mutuelle, d'échec de votre projet de vie, de trahison... Le taux de divorce pour faute – qui est le divorce conflictuel par excellence – est une quasi-constante en France depuis de très nombreuses années (au moins vingt-cinq ans). Il représente environ 45 % des procédures. Aujourd'hui, le législateur pousse les couples à résoudre leur séparation de façon consensuelle, mais ce sont au total près de 60 % des divorces qui demeurent conflictuels sur un point ou un autre[1].

Le conjoint qui aura été humilié lors de la séparation aura naturellement tendance à rendre l'autre responsable de tout trouble du comportement. L'enfant mange mal ? Il dort mal ? Il fait colères et caprices ?

1. Voir le site www.sos-papa.net.

Son comportement à l'école s'en ressent? Il est humain pour celui qui s'est senti délaissé de dire : «C'est la faute de la séparation!», donc la faute de celui (ou celle) qui l'a voulue... Mais vouloir punir l'autre parent au moyen de l'enfant n'aide pas le tout-petit à mettre de l'ordre dans ses émotions. Si vous êtes dans le chagrin, n'utilisez pas votre enfant comme porte-drapeau de votre ressentiment. C'est un psychologue qu'il faut voir pour vous réparer. Rien ne sert de charger l'autre des conséquences sur l'enfant. Il faut éviter de disqualifier l'autre parent, quelles que soient les rancœurs.

Les hommes ayant un amour-propre particulièrement vif, la honte les conduit souvent à fuir et à lâcher prise. Pour éviter que le père démissionne de son rôle, je vous encourage à avoir des phrases bienveillantes :

• Évitez les critiques au retour d'une sortie paternelle sur le nez qui coule, la couche pas changée ou le biberon pas prêt.

• Envoyez aussi des messages de paix devant le papa, par un compliment sur une tenue, sur un maquillage de fête.

• Comment réagir si le père n'est que rage et critiques lorsque vous lui amenez l'enfant? Dire : «Tu sais, quand on est irrité, on dit n'importe quoi, comme tu fais avec tes copains de l'école. Mais ce n'est pas grave, c'est parce que papa est énervé... Cela va passer.» Le jeune enfant comprend très bien ce discours. En relativisant l'agacement, vous relativisez les propos et le petit ne se croit pas obligé d'y adhérer.

• N'oubliez pas de laisser les questions d'argent au vestiaire, c'est-à-dire chez votre avocat !

Cette stratégie pacifique conduit le plus souvent le conflit à s'apaiser avec le temps, il faut en moyenne deux années. Sauf dans les situations particulières que nous allons voir.

Chapitre VIII

Que dire selon la situation du papa ?

Si votre enfant est orphelin de père

Les enfants orphelins sont beaucoup plus nombreux qu'on ne croit en France, ils étaient 335 000 en 1999 à ne plus avoir leur mère ou leur père[1].

L'enfant se sent souvent coupable de la mort de son parent, surtout si celui-ci s'est suicidé. L'entourage croit alors le protéger en lui taisant le suicide, mais les enfants ont une intelligence émotionnelle qui leur fait deviner qu'il y a un lourd secret. Celui-ci lui paraît d'autant plus étrange que les adultes le dissimulent. Alors il doit se débrouiller tout seul avec ce qu'il devine. Les non-dits ne protègent donc pas l'enfant mais sèment un grand désarroi. Si vous lui dites que son parent est décédé dans un accident, sentant la tromperie, il en conclura dans sa psyché en plein développement que lorsqu'une situation est embarrassante, on peut déformer la réalité. L'installation

1. Enquête INED 1994, *Population et Sociétés*, n° 342, janvier 1999.

d'une mythomanie qui perdurera à l'âge adulte est alors fréquente.

Il faut dire à l'enfant que son père est mort en même temps qu'on l'apprend à l'entourage, sans attendre qu'il se sente mis à l'écart d'un drame terrible. Mais une vérité en appelant une autre, suivra la question : « Comment papa est mort ? » Si l'enfant ne le demande pas, s'il évite soigneusement d'aborder le sujet, c'est parce qu'il sent que ce drame vous fait aussi terriblement souffrir. L'enfant qui me dit ne pas avoir été assez « valable » pour avoir pu retenir son père dans la vie pense en plus ne pas être digne que la vérité lui soit dite. Et puis, le suicide révélé, il se demande encore : « Et comment a-t-il mis fin à sa vie ? » Je ne saurais trop vous conseiller de vous faire accompagner dans votre propre travail de deuil par un psychologue, et c'est lui, connaissant les tenants et aboutissants de l'histoire, qui pourra trouver, en votre présence, avec votre accord, les mots pour répondre à l'enfant, des mots neutres et simples qui le soulageront.

Que l'enfant ressente un manque terrible, c'est incontournable. Mais c'est là un manque de son père, pas un manque de père. En maintenant son histoire au clair, en gardant les photos, les anecdotes, en fréquentant si possible des amis du père capables d'en parler, vous permettrez à votre enfant de se construire avec un père absent mais réel, plutôt qu'avec un père inventé... La phrase la plus claire, quel que soit l'âge de l'enfant, c'est : « Ton papa avait fini sa vie. » Vous raconterez toutes les belles choses qui ont mû la vie du père, son enfance (rien ne le fait plus exister qu'un père qui a été un bébé !), son école, ses bulletins, son domaine d'études, son métier, votre rencontre, votre maison, ses hobbies, ce qu'il aimait faire, l'énigme de son choix, ce qu'il voudrait peut-être que son enfant devienne... À son histoire, vous ajouterez : « Maman n'a pas du tout fini sa vie ! » et vous énumérerez tout ce que vous avez à faire, tout ce que vous voulez faire. Vous projetterez votre enfant dans le futur tout en lui faisant connaître ce papa à travers l'histoire de sa vie.

Claire a perdu son papa quand elle avait 4 ans. Il s'est suicidé. Que lui dire ? C'était un papa extraordinaire, très attentif à la petite fille. Il était en quête spirituelle et compensait des difficultés de relations sociales par une relation privilégiée avec sa fille, en lui transmettant une culture qu'il avait très vaste. Aussi Claire a parlé très tôt. À 3 ans, elle était déjà capable d'écouter des histoires complexes. Le papa et elle étaient en réelle fusion. La maman, obligée de travailler pour les besoins de sa famille, se reposait sur lui pour le quotidien. Mais l'impression d'isolement avait enseveli cet homme, la communication avec d'autres adultes devenait difficile. Le travail du psychiatre qui suivait le père n'avait pas permis d'éviter que, désespéré et malgré l'amour qu'il portait à son enfant, il se jette un jour d'un pont. La mère fit comprendre à Claire qu'un drame irréversible était arrivé. Elle parla du ciel dans lequel le papa s'était envolé mais dès lors la petite voulait elle-même monter au ciel. Il fallut être très vigilant avec Claire, cette façon d'habiller la réalité ne l'aidait pas. Le mystère était trop grand. Elle sentait qu'on lui cachait quelque chose sur la mort de son papa. Elle était certes précoce au niveau du langage, mais n'avait que 4 ans de maturité : il semblait difficile d'expliquer le suicide. C'est à travers l'histoire du Petit Prince qui apparaît debout au-dessus de sa falaise, les pensées perdues dans un monde intellectuel de rêverie ressemblant beaucoup à celui dans lequel s'engloutissait le père, que l'enfant retrouva le plus de similitudes avec ce qu'elle ressentait de lui. Donc la première approche de la vérité fut de lui dire que papa avait marché le long d'un chemin qui menait à une rivière et que, la tête dans un nuage, il était tombé et s'était tué. Ce discours paradoxalement apaisa la petite qui retrouva alors son lit, put dormir et verbaliser la mort de son papa. Le fait que cette mort ait été intentionnelle ou pas resta évoqué de façon poétique avec l'étrangeté qui va si bien à cette situation. Il n'est pas nécessaire de chercher des interprétations. La vérité c'est qu'il avait marché, qu'il était tombé de ce pont. Quels étaient exactement son état d'esprit et son degré de lucidité, on avait le droit de dire que l'on ne savait pas et que c'était un mystère de la personne humaine.

Claire parle aujourd'hui librement de la disparition de son père. Elle accepte que sa maman, très fine et très attentive, doive continuer sa vie. La maman a rencontré un homme avec lequel elle se remarie, mais le père de Claire est irremplaçable pour l'enfant. Elle le recherche encore dans tous les événements de la vie. « Qu'est-ce que dirait mon papa ? », « Mon papa ne permettrait pas qu'on me gronde pour ça ! » dit-elle de façon très pertinente pour des réprimandes injustes. Il l'habite ainsi dans une sorte de surmoi. Comme cette enfant est très intelligente et bien comprise par sa maman, le pronostic est excellent. À la question : « Il est où mon papa ? » elle dit maintenant, à 8 ans, qu'il est en elle, qu'elle le prolonge. Elle travaille très bien en classe, apprécie son beau-père et sa demi-sœur, l'empreinte de son père a du sens pour elle sans l'envahir.

Si son père est malade, en prison, chômeur...

Que de silences graves de conséquences autour du père affaibli par la maladie ! La famille espère protéger l'enfant de soucis qui « ne sont pas de son âge ». Il est vrai que le père au lit, faible, c'est comme si le soleil allait disparaître à l'horizon pour nous laisser dans la nuit. Mais dans l'ordre des jours, il y a le crépuscule qui annonce la fin du jour. De même, le jeune enfant est si près des limbes qu'il a une sorte de connaissance innée de la mort si proche de la vie. Il peut comprendre la fatigue d'un malade, voir son amaigrissement, participer à la surveillance des perfusions... Mais si l'astre s'éclipse brutalement après des mois de déni, de cachotteries, il se sent beaucoup plus seul, pour la vie. On ira voir le père malade à l'hôpital si les médecins l'autorisent, on n'hésitera pas à leur demander l'explication scientifique de la maladie et le combat qu'il mène pour se rétablir. Ne mentez pas sur l'état du père, demandez un entretien avec le médecin qui pourra expliquer à l'enfant, avec les mots de la science, le mal contre lequel se bat son père, ce qui lui permettra de partager ce combat. Et si la maladie devait l'emporter, l'enfant, même tout petit, se sentira plein de celui qui l'a mis au monde et porté par lui pour une longue vie. On trouvera dans l'un de mes précédents ouvrages le témoignage émouvant d'un jeune homme dont le père était gravement malade[1]. Et l'on verra comment la plus grande souffrance, c'est le mensonge des autres. Non que vous soyez obligée de livrer des détails qui heurtent la pudeur, ni que vous deviez vous complaire dans la maladie du père dont l'enfant deviendrait la béquille, mais considérer l'enfant comme une personne digne de comprendre ce qui se passe, la faiblesse du père comme son énergie pour se battre, et permettre au père de puiser de la force dans les rires et les jeux de l'enfant donnera sens à leurs deux vies.

Quand le père est diminué de façon difficilement réversible par une infirmité chronique, l'enfant manifeste souvent de la colère. Quand on n'est plus dans le combat mais dans le constat, l'injustice de voir son père diminué le met souvent en révolte, avec cris et

1. *Dolto en héritage*, t. 2, *op. cit.*

pleurs inexpliqués. C'est par le partage des émotions que vous le soulagerez : « C'est énervant que papa ne puisse pas marcher... » Alors, dès que le langage vient à l'enfant, il pourra dire, comme Antoine dont le père est paraplégique : « Moi, mon papa, il ne marche pas, mais il court dans sa tête ! Il est fort, mon papa ! » Il a raison, car lors des premiers pas de son fils, puis de ses premiers coups de pied dans un ballon, le père se faisait des images mentales reproduisant les mouvements de son fils. La Wii leur donna des moments de complicité merveilleux.

Si vous êtes dans l'obligation de vous séparer d'un conjoint alcoolique ou violent, ne culpabilisez pas votre enfant en disant : « C'est pour te protéger que je ne vis plus avec papa » car vous méritez vous-même, en tant que femme, de ne pas vivre avec un alcoolique, père ou non. Il faudra expliquer que vous vous protégez aussi. Ce n'est ni à une maman ni à un enfant de régler ce genre de situation. L'enfant doit toujours penser qu'il y a des adultes dans la société pour les aider, lui et sa mère : le médecin, le pédiatre, le psychiatre, le psychologue, l'avocat et le juge aux affaires familiales, parfois même les aides éducatives qu'il mettrait en place. Voilà ce qui devrait éviter la réflexion que m'a faite un jour un enfant : « De toute façon, vous ne pouvez rien, vous, les grandes personnes ! Je suis obligé d'y aller. » Il devait dormir un week-end sur deux chez son père et sa belle-mère, tous deux alcooliques. Il se résignait à affronter les beuveries de ces personnes chez lesquelles il était seul pendant quarante-huit heures. Bien sûr, nous avons relevé le défi, le juge a entendu l'enfant qui ensuite n'a vu son père qu'en lieu de médiation. Puis la mère s'est remariée, elle est partie en province, et aujourd'hui l'enfant souhaiterait porter le patronyme de son beau-père... Il me donne régulièrement des nouvelles, se construit très bien. Selon moi, voir son parent à tout prix quand il y a un danger n'est pas une solution. Les adultes doivent protéger les enfants, il faut que les enfants le sachent. Sinon, l'enfant vit avec un sentiment de culpabilité qu'il ne peut exprimer. Se sentant en insécurité profonde, il révèle ses problèmes par des troubles importants du comportement. Tant de petits vivent avec des parents pâteux et violents chaque soir, des enfants qui cachent leur détresse au monde extérieur mais dont on voit la souffrance dans leur comportement, agressif ou trop sage, des élèves souvent en difficulté scolaire... Aux pères qui boivent alors qu'ils ont leurs enfants chez eux, je demande de se traiter. Par respect pour leur enfant.

Agnès ne savait pas que son père était en prison. La petite avait 3 ans, elle allait chez sa grand-mère quand la maman rendait visite au père. On ne connaissait pas la durée de son incarcération, probablement un ou deux ans... À la rentrée scolaire, Agnès demanda précisément : « Où est mon papa ? » On lui dit qu'il était en voyage. Personne n'était à l'aise... L'enfant perdit de sa gaieté. « Si on dit à ta fille que son père est en prison, tout le monde va le savoir, à l'école ! » craignaient les grands-parents. Il me fallut réunir toute la famille, comprendre l'histoire du père, pour que chacun soit prêt à dire l'indicible. Mieux vaut un papa défaillant qu'un père caché. Il fallut expliquer à l'enfant pourquoi le père était en prison, mais pour toutes ces choses lourdes, mieux vaut se faire aider d'un psychologue. La petite fille accompagna sa mère devant la porte de l'immense bâtisse, elles suivirent les gardiens, l'enfant portée dans les bras de sa maman pour attendre l'apparition de son papa : elle lui donna son coloriage plein de mille étoiles, l'homme pleura. La mère dit : « Tu vois, on est là ! Elle va bien ! » Puis elle demanda à Agnès : « Tu voudras revenir voir papa ? – Oui ! » répondit-elle en opinant de la tête.

La mère me raconta la scène alors que l'enfant jouait à nos pieds, elle vint se blottir sur ses genoux, câline. Elle savait où était son papa. Elle ne posa pas de questions sur le pourquoi. Elle n'en parla pas à l'école. Plus tard, au CP, devant des difficultés de lecture chez cette petite, difficultés auxquelles on ne s'attendait pas car elle avait parlé très tôt, le sujet revint. La famille était réunie, tout semblait au mieux. Mais elle bloquait sur les voyelles attachées. Sur le *on*. De « prison » ? Par exemple... Il n'y a pas d'histoires de père en prison dans les livres de lecture. La psychologue se plongea dans les contes de fées, en particulier *La Belle et la Bête*... Agnès se trouva bientôt en tête de classe. Oui, il faut rendre visite au père en prison et ne pas mentir sur le sujet.

Le chômage est aussi l'une des plaies de notre société. Certes l'État fait plus ou moins assistance mais l'entourage n'est pas accompagné psychologiquement, ni le chômeur lui-même. La honte ressentie par un père rejaillit sur l'enfant si l'homme n'est pas lui-même aidé. Malheureusement, la pudeur en conduit bien peu à se faire soutenir. Quand un père perd sa situation professionnelle, les parents le cachent souvent à l'enfant de peur de lui donner un sentiment d'insécurité. Mais il devine votre angoisse devant les factures, les dépenses... Mieux vaut partager les difficultés, l'enfant a besoin qu'on le juge digne de comprendre. Le père sera alors d'autant plus encouragé à réagir, à réunir ses forces, et à consacrer le temps disponible à son enfant. Ces périodes renforcent grandement leur complicité, tout en soulageant la mère. Un père au chômage n'est pas déshonoré, il connaît une période de disponibilité dont la mère doit profiter. S'il est au chômage parce qu'il souffre d'une maladie psychique, d'une intempérance, on entre alors dans le domaine de la maladie, qu'on doit expliquer à l'enfant.

Dans toutes ces situations, le père doit absolument, si c'est un homme responsable, se faire aider par un psychothérapeute. Il faut éviter que l'enfant serve de béquille psychique à un père qui ne se prendrait pas en charge...

Ne rêvez pas d'épargner des situations tristes au prix du déni, l'enfant a une pensée existentielle bien plus profonde que ne le croient ses parents. Il comprend les drames. Ce qui le déstructure, c'est le mensonge et la trahison psychique.

Chapitre IX

Que dire si vous êtes un parent homosexuel ?

— Où il est mon papa ? demande l'enfant.

— Mais... tu sais bien ! Je te l'ai expliqué : on est allés te chercher au Vietnam. Comme ton ami Antoine... qui a aussi été adopté par ses parents.

L'enfant part jouer, semblant se satisfaire de la réponse. Sa mère me dit alors combien il est agressif, se met en danger, la met en danger : l'autre jour, il a mis le feu à la corbeille à papier ; d'autres fois il lui dit : « Je veux que tu sois morte... »

Je demande à garder l'enfant seul :

— Tu as un ami qui s'appelle Antoine ?

— Oui. Lui, il a un papa... Moi, j'en ai pas...

L'enfant ne pose pas la question de son géniteur mais de son papa du quotidien. Pourquoi il n'en a pas ?

La mère reviendra me voir en tête à tête :

— Et si vous lui disiez pourquoi il n'a pas de papa, à la maison ?

— Je ne vais pas lui dire : « Parce que je suis homosexuelle » !

Elle vit seule, s'étant séparée de sa compagne avant l'arrivée de l'enfant.

— Vous pouvez lui dire que vous n'avez pas envie de vivre avec un homme dans votre lit ? Que vous avez des amis, des amies, mais pas envie de vous marier avec un homme ?

— Il me semble que cela ne le regarde pas, c'est ma vie privée. Et puis, n'est-il pas trop jeune ?

— Cela le regarde puisque c'est pour ça qu'il n'a pas de papa comme ses copains...

— Oui, mais si je lui dis que je n'aime pas les hommes, pour lui qui est un garçon...

— Vous avez de très bons amis hommes n'est-ce pas ?

— Ah oui, c'est sûr ! Mais pas des amants...

— C'est pourquoi je ne vous propose pas de lui dire que « vous n'aimez pas les hommes », mais que vous n'avez pas envie d'en avoir un « dans votre lit ». Ce n'est pas la même chose... Si vous n'arrivez pas à le lui dire maintenant, peut-être un jour... Vous aurez mûri sa question. Vous pouvez lui dire en attendant que vous ne savez pas bien expliquer, parce qu'il y a des mystères dans la vie. Il préférera un mystère partagé avec maman à une fausse réponse... Les enfants comprennent que nous ne pouvons pas tout expliquer.

Elle reviendra quinze jours après avec un enfant serein et les consultations suivantes confirmeront son apaisement. Jusqu'à la prochaine alerte car la vie psychique de l'enfant évolue, et de nouvelles façons de dire peuvent être nécessaires. Cette maman est très fine et je sais qu'elle n'hésitera pas à demander conseil, étape par étape. L'important pour un enfant, c'est être respecté dans ses demandes de vérité, selon son stade de développement.

Je me souviens aussi d'un malentendu dans l'interprétation de mes recommandations lorsqu'une mère avait demandé s'il était légitime de proposer un livre aux tout-petits de moins de 5 ans : *Jean a deux mamans*. À l'école élémentaire, après 5 ans, il faut inculquer aux enfants les valeurs de tolérance et de respect de chacun quelle que soit son orientation amoureuse. Mais avant 5 ans, j'avais expliqué que cela n'avait pas de sens, le tout-petit est tolérant par essence même, il observe son entourage dans lequel tout va de soi, où toutes les particularités sont naturelles. Il observe et comprend que l'on peut être de physique différent, de couleur de peau différente, et que si ce sont « deux mamans » qui viennent chercher Jean, c'est qu'il y a des situations comme cela. Pas besoin d'insister lourdement avec des images et des textes écrits par des adultes. Par contre, après 5 ans, nous aurons l'occasion de répondre à ses questions, sur la procréation, de condamner des propos sexistes ou homophobes. Mais avant 5 ans, le petit observe que dans la vie, on peut n'avoir qu'une maman... ou deux papas. Il observe, c'est tout.

Amélie commençait à s'enfermer dans l'anorexie. À 15 ans, elle se nourrissait de pommes et de salades, s'enfermait dans sa chambre à l'heure où rentrait sa mère, qui aurait bien voulu la voir venir à table avec elle. C'est une femme prématurément vieillie, épuisée d'élever sa fille seule en travaillant beaucoup, qui vint me poser le problème. Avant que je reçoive la jeune fille diaphane, elle m'avait envoyé un mail, expliquant l'homosexualité tardivement révélée du père. Son mariage semblait heureux, c'était un bon papa... Et puis, un jour : « Ce fut comme un météorite s'abattant sur ma maison, me dit-elle, mon mari me révèle son homosexualité, il part avec son copain... Amélie avait 8 ans. Pendant plusieurs années, nous n'avons rien dit à notre fille, c'est à 12 ans qu'elle a compris ce que représentait l'ami de son père. Et là, ce furent des soirs et des soirs de pleurs, son père lui a parlé, mais Amélie a commencé son anorexie. »

Je pus réunir la famille, mère et père ensemble, chez Serge Lebovici qui donnait encore, dans ses dernières années, des consultations chez lui, place de l'Alma. En quelques séances, le pédopsychiatre fit émerger la tendresse rémanente entre la mère et le père. Celle-ci dit comment elle avait choisi cet homme pour la délicatesse de ses sentiments et la complicité intellectuelle entre eux. Il en ressortait que si elle n'avait pas « refait sa vie », c'est parce qu'il était « l'homme de sa vie ». Son destin reprenait du sens auprès de sa fille. Alors que je partais, je vis le père s'éloigner entre ses deux femmes.

Les règles d'Amélie sont revenues le mois suivant : devenir femme, avec un corps de femme, des seins, n'était plus une menace, celle du reniement et de l'abandon. Il aura fallu quelques mois pour qu'elle retrouve un poids convenable.

Les enfants de parents homosexuels ne connaissent qu'un petit bout de vérité, celle que les adultes peuvent émotionnellement supporter : « Je suis allée te chercher en avion, c'est une femme qui t'a conçu pour nous... » Ces détails ne sont que des faits pratiques. Mais la vérité, c'est l'impossibilité physiologique des parents d'avoir un enfant parce qu'ils sont homosexuels. L'homosexualité ne se choisit pas, elle se détermine très tôt, c'est une évidence pour les enfants de moins de 5 ans, doués de cette intelligence émotionnelle qui leur permet de tout capter. « Homosexuel » doit être traduit au départ par « qui aime une personne du même sexe », puis quand la question devient plus explicite par « qui ne peut procréer avec une personne du sexe opposé ». Alors l'enfant de deux femmes sait pourquoi il n'a pas de papa.

Chapitre X

Que dire s'il ne veut pas aller voir son père ?

Quand l'enfant dit « Il est où mon papa ? » tout en ne voulant pas quitter sa maman, mieux vaut partager son sentiment plutôt que de le forcer. Si la maman dit : « Oui, ça nous fait bizarre de devoir aller chez papa parce que ce n'est plus comme notre papa d'avant », alors l'enfant va se sentir écouté par sa maman ; mais c'est surtout au papa, à ce moment-là, de faire une démarche vers la mère et l'enfant, de se poser des questions sur son organisation pour pouvoir dire à l'enfant : « Je te comprends, ça fait bizarre de devoir changer de maison et de laisser maman. Mais je pense que maman a besoin de repos et que ça va lui faire du bien qu'on aille se promener tous les deux. On va faire quelque chose de passionnant. » Il faut donc pouvoir faire alliance avec la mère afin que l'enfant retrouve réellement son papa et non pas un monsieur qui est devenu étranger, hostile à maman et qui veut l'emmener à toute force.

« L'enfant est fusionnel » et « Sa mère est possessive », ces deux expressions sont devenues de grands classiques chez le pédiatre, le père venant chercher un soutien pour raisonner la maman. Et avec l'aphorisme selon lequel : « Il faut faire la place au père ! » on dira que justement, pour que cet enfant apprenne l'autonomie, il faut lui imposer les visites paternelles.

Quand l'enfant pleure pour quitter sa mère, il y a des mots qui tombent comme un couperet. Certains pères disent : « Tu dois venir avec papa, c'est le juge qui l'a dit ! », au besoin aidés du gendarme. Il ne sera pas plus bénéfique de se tourner vers la mère en disant : « C'est de ta faute, tu le montes contre moi ! » Utiliser des stratagèmes, comme une tierce personne pour aller le chercher en sachant très bien que l'enfant ne pensera qu'à sa mère tout le week-end, ne lui donnera pas non plus confiance dans son père.

Il faut d'abord essayer de comprendre pourquoi l'enfant, dans une confusion de ses émotions, n'a pas envie de suivre son père. Cela vient souvent de ce que l'image paternelle a été trop estompée pendant la période de querelle du couple. Lorsque ça va mal à la maison, le père a une réaction de repli sur soi et de fuite, alors que la mère centre sa vie sur le petit et devient casanière. Au moment de la séparation, le jeune enfant n'a pas tissé une complicité suffisante avec son papa. La première prévention de ce genre de situation réside dans l'implication de celui-ci même pendant la période de turbulences intra-familiales, quand il habite encore à la maison, de façon à ce que l'enfant et lui se comprennent suffisamment.

Des affirmations du père comme : « Maman, c'est la meilleure des mamans ! » attireront plus son petit vers lui que la froideur et les esclandres. Arrivez avec un bouquet de fleurs en oubliant les mots qui ont blessé, parce que c'est la mère de votre enfant, prenez un café ensemble avant de l'emmener, voilà un comportement qui permettra à la maman de dire à son tour : « Je suis heureuse que papa t'emmène au parc parce que j'ai dix mille choses à faire pour moi ! » Au lieu de : « Je vais m'ennuyer de toi et j'ai hâte que tu reviennes » qui donne à l'enfant un sentiment de trahison s'il montre de la joie d'aller chez papa.

Bien des mères ressassent les blessures de la vie passée et trouvent injuste que, maintenant, le père puisse passer un bon week-end avec leur enfant... Elles s'interdisent les petites joies de la liberté ainsi permises. Surtout bien sûr quand elles savent le père accompagné de sa « nouvelle copine ». Difficile de plus crucifier le cœur d'une maman... Elles parviennent à surmonter leur appréhension lorsque j'explique pourquoi les juges sont de plus en plus attachés à laisser sa place au père : élever un enfant sans père, ce qui paraît facile dans le petit âge, va revenir en boomerang contre celle qui aura eu cette présomption, comme nous le verrons un peu plus loin. Mieux vaut donc avaler la couleuvre et laisser vivre le duo père-enfant.

Du côté des pères aussi, il faudra faire des efforts car bon nombre d'entre eux, considérant que leur présence auprès de l'enfant est un droit acquis, ne lui consacrent pas réellement leur temps quand ils sont ensemble. Certains pères revendiquent par autoritarisme factice que l'enfant vienne chez eux mais, en même temps, ils n'adaptent pas leur cadre de vie ou leurs sorties aux besoins d'un petit. Quand l'enfant va chez papa, il va voir son père, pour tisser un lien avec lui. Il ne va pas voir « Christine et papa », il va voir papa ! Si vous lui imposez un rythme de vie plus adapté à votre nouveau couple qu'à lui-même, vous ne tisserez pas ce lien.

Certains diront : « Les enfants doivent s'adapter à la vie des parents. » Ce sont des principes à l'ancienne ; alors que vous n'avez pas choisi une configuration classique, vous ne pouvez pas appliquer les adages de vos grands-parents. Vous avez choisi, ou subi, mais en tout cas vécu la séparation de votre couple ; dès lors vous devez innover, trouver un rythme de vie qui soit compatible avec une présence intermittente de votre enfant. Il faut accepter que le samedi où vous l'avez, vous receviez ses amis d'école, vous organisiez un anniversaire, vous assistiez à son match de foot, que vous lui fassiez faire ses devoirs (n'oubliez pas le partage des apprentissages scolaires). Rendez-vous réellement disponible. L'enfant préférera, au déjeuner à la maison avec papa et son « amoureuse », aller au McDo avec vous seul. C'est paradoxalement plus intime pour lui que de manger à trois à la maison avec une tierce personne à qui vous faites les yeux doux et qui regarde pesamment le petit parce qu'il mange la bouche ouverte... C'est souvent ainsi que se passent les week-ends chez papa, et c'est cette situation qu'il rechigne à vivre ! Rien à voir avec l'attitude fusionnelle de sa mère ni les sentiments qu'il a pour vous. C'est parce qu'au contraire vous aurez investi les premières années dans la création d'un véritable cadre adapté à votre fille, dans le fait de réserver des moments passionnants de tête-à-tête avec votre fils, parce que vous l'aurez emmené visiter des lieux intéressants pour son âge, que votre enfant sera heureux d'aller chez vous.

Donc, quand votre enfant vous semble « fusionnel », collé aux jupes de sa mère, deux principes :

— respecter la maman et sa sensibilité ;

— adapter votre temps à votre nouvelle situation en respectant les besoins de votre enfant.

« Et moi ? Il faut peut-être aussi me respecter, non ? » me dites-vous au début. Mais respecter qui ? Pour l'enfant, l'univers solide qui devrait le protéger a éclaté en deux morceaux. Ce n'est pas qu'il vous en rejette la responsabilité, mais dès lors, votre autorité, la crédibilité de vos choix, on l'a vu, sont battues en brèche. Il va falloir reconquérir son sentiment que vous le protégez. Et non pas l'arracher à sa mère quand il veut rester avec elle, quelles qu'en soient les raisons. Si vous dites à un enfant qui ne veut pas venir avec vous, son père : « Tu sais, je ferai toujours comme maman le sentira et comme tu le sentiras », il saura que vous l'entendez. Vous pourrez regagner sa confiance. Ne vous découragez surtout pas.

Certains rétorquent aussi qu'il faut lui expliquer que papa a une nouvelle vie, qu'il a le droit d'être heureux et que c'est important d'avoir un papa heureux. Je me permettrais d'objecter que ce n'est pas le problème d'un enfant. Un enfant a besoin de se construire en puisant sa sève dans un sol solide, stable et disponible.

Chapitre XI

Ce que les autres doivent dire... et ne pas dire

Les mots – et les silences – des grands-parents...

Il va falloir laisser les couteaux au vestiaire ! Que de blessures d'un côté comme de l'autre se cachent dans les silences pesants ou se distillent en mots perfides...

Les grands-parents paternels, blessés pour leur fils, expriment souvent une grande colère, envahis d'un violent sentiment de trahison : « Elle lui a fait un enfant dans le dos ! », « C'est pour son argent ! », « On veut bien la petite les week-ends mais pas elle... » Il y a du guerrier dans le père mais aussi dans la mère de celui-ci. Comme je l'ai déjà évoqué, j'ai souvent constaté que si le père d'un de mes petits patients décède d'une façon accidentelle pourtant sans rapport avec sa femme, le risque est grand que ses parents s'enferment dans leur malheur sans pouvoir aider la jeune veuve et ses enfants, seule descendance de ce fils. Il faut que ces grands-parents paternels, dans leur drame, bénéficient d'un soutien psychologique ; les entourer dans leur deuil, avec patience, pour voir progressivement les liens se renouer, pour les voir s'autoriser à la tendresse avec leur petit descendant.

Quand il ne s'agit pas de deuil mais simplement de séparation, les grands-parents paternels sont en souffrance comme si la puissance renouvelée que leur apportait leur fils avait été niée. Même si le papa a une lourde responsabilité dans la rupture, ils ne peuvent l'entendre et surtout pas la prononcer. « Elle » aurait dû tout accepter pour l'enfant... « Plus tard, elles vous renieront », dit la mère du père de deux fillettes dont la maman, trompée, a demandé le divorce. Oser quitter son fils, c'était l'émasculer. Surtout pour cette génération où il était admis que la mère s'occupait des enfants, le père s'arrogeant la vie sociale. Comment allait-il faire maintenant, quand il serait seul avec les petites ? La grand-mère paternelle sera très sollicitée, en attendant la ou les nouvelles compagnes.

Mais indépendamment de l'aspect pratique ou logistique, les grands-parents jouent un rôle majeur quand le père est absent. Ils sont le fil conducteur de l'identité de l'enfant, ils peuvent parler du papa petit, sortir quelques vieux jouets à lui et le faire vivre à travers eux. Si leur fils est en rupture complète avec la mère, ils peuvent demander à voir l'enfant, c'est leur droit. Peut-être que ce sera mal vécu d'un côté comme de l'autre, mais la demande peut entraîner une démarche de médiation entre les parents pour remettre de la sérénité dans la tête de l'enfant. Mieux vaut une relation difficile avec les grands-parents que l'inconnu total sur la lignée paternelle.

Voici ce que les grands-parents doivent dire : «Tes parents n'ont pas pu rester dans la même maison mais ils vont redevenir amis.» Ils doivent parler de la belle-fille en mots positifs : «La vie, c'est compliqué et ta maman a fait ce qu'elle a pensé devoir faire...», «Nous l'aimerons toujours, parce que c'est ta maman».

Encore faut-il évidemment qu'ils soient aidés par la mère de l'enfant, qui ne doit pas renier la famille de l'homme avec lequel elle a créé un enfant. Une mère seule devrait toujours pouvoir dire à son enfant : «Personnellement, je ne suis plus en rapport avec ton père, mais quand tu voudras, tu pourras prendre contact avec lui. Et la famille de ton père, c'est ta famille à toi.» Une femme qui fait cela agit pour la santé de son enfant, même si cela ne lui plaît pas que sa belle-mère soit effectivement la grand-mère de son enfant. Car, «pour être pleinement lui-même, l'enfant a besoin, au-delà de sa mère et de son père, de puiser à ses deux lignées[1] ».

Les grands-parents maternels ont en général une attitude plus enveloppante. Ils sont blessés eux aussi car une fille qui devient mère, c'est à la fois l'épanouissement et la fragilité; ils ont peur pour la vie de leur fille qui se retrouve seule avec l'enfant. Ils sont souvent plus protecteurs et moins vindicatifs envers le père, dirigeant leur amour vers leur petit-enfant, fils ou fille de cet homme. Dans le désir de protéger la mère et l'enfant, ils sont plus immédiatement attentifs à ne pas prononcer de paroles irréversibles. C'est

1. Françoise Dolto, *Les Étapes majeures de l'enfance*, *op. cit.*

au téléphone que souvent les mots qui blessent l'autre parent sont prononcés en présence de l'enfant, notamment les confidences dévalorisantes : « Après ce qu'il lui a fait... », « Après la façon dont il s'est conduit... » Le meilleur moyen d'éviter ce climat détestable est de bien faire savoir son positionnement à toute la famille : « Mon gendre Pierre ? Je l'aimerai toujours. Nous resterons amis. » Alors les paroles mauvaises se taisent. Au père aussi de se monter bienveillant envers eux et leur fille, alors le lien se brisera moins irrémédiablement.

Le petit-enfant, lui, fait bien la différence entre ses grand-mères maternelle et paternelle : de fait, s'il est allaité, il peut chercher le sein de la mère de sa mère, très rarement celui de l'autre grand-mère... Il intègre une perception « en stéréo » de ses deux lignées. Si elles sont en paix, si elles peuvent se parler, ce climat transgénérationnel aidera l'enfant à se construire une bonne estime de soi avec optimisme. Même s'il ne voit plus ou rarement son père.

Réponses d'amis, le meilleur et le pire

Les amis d'enfance de papa sont de précieux témoins. Ils l'ont connu écolier, ou étudiant, ils ont fait les quatre cents coups ensemble, ils ont connu ses combats, ses tourments, partagé ses rêves, ils ont quelques photos qui traînent... Ce sont les premiers témoins qui peuvent reconstruire comme une fresque l'identité du papa. Maintenir ou reconstruire ce cercle autour de l'enfant quand la séparation survient, c'est s'assurer la pérennité de l'image du père.

Souvent, la vie en amoureux a fait le vide de la bande de copains qui menait train de célibataires. Il a fallu passer du statut de noceur à celui de paternel, responsable d'un enfant et de sa mère. Si vous jugez certaines personnes non fréquentables, il faudra bien sûr vous protéger des dérives potentielles. Mais les souvenirs de la jeunesse du père sont à sauvegarder. Vous verrez l'enfant devenu adulte avoir besoin de s'en nourrir pour se trouver lui-même.

Toutefois, quand le couple va mal, chacun doit se protéger de ses amis car ils ajoutent le plus souvent de l'huile sur le feu. « Comment tu supportes ça ? » entend-on dire devant l'enfant alors que vous confiez vos difficultés de vivre. Le téléphone fait oublier la présence du petit, qui semble jouer mais écoute et se ratatine. Ne croyez pas que, dans la séparation, vos amis sont vos meilleurs directeurs de conscience : ils ont soif de vous retrouver sans l'autre pour leurs propres confidences. Vos échecs les consolent des leurs. Vous vous confiez quand vous allez mal mais ils ne savent pas les bons moments du couple... Et puis, quand vous êtes en colère, il est plus facile d'abonder dans vos récriminations contre le père que de vous tempérer et vous montrer les bons côtés de votre vie commune. Après vos rencontres, les histoires à raconter dans le groupe colportent les médisances et figent une situation négative. Dites à vos amis, des deux bords, des deux sexes : « De toute façon, même séparés, nous resterons toujours des amis. » C'est le meilleur moyen pour que les paroles redeviennent prudentes : « Si ces deux-là continuent de tout se dire... »

À l'enfant, des amis bienveillants diront : « Tu sais, moi j'aime ton papa et ta maman, et je sais qu'ils resteront toujours des amis. Même s'ils se disputent, ils se réconcilient, parce que ce sont tous les deux de bonnes personnes. » Prendre parti pour l'un ou l'autre ferait du mal à l'enfant et jetterait les bases d'une rupture à moyen terme... avec les deux !

Et si l'on vous suggère une attestation à fournir au juge, faites attention à ne pas envenimer la situation. Un témoignage précis en cas de maltraitance est de votre devoir, mais consultez alors un avocat pour que sa rédaction soit valide. Aux parents, je dirai de ne pas accumuler les attestations subjectives et discutables comme autant de boules puantes l'un contre l'autre. Leur subjectivité les rendra peu utilisables par le juge en même temps qu'elles seront pour l'enfant autant de cicatrices dans le dossier.

Les mots des professionnels de la petite enfance

Aujourd'hui, ce ne sont pas seulement les maîtresses d'école mais les directrices de crèche qui me disent avoir tant de petits « sans papa » ! Et les enfants en collectivité réalisent d'autant plus vite qu'ils devraient avoir un papa qu'ils voient très tôt ceux des autres... Les professionnelles de la petite enfance ont une déontologie ; on ne dit pas, entre éducatrices, dans la salle commune : « Tu sais, les parents de Paul se sont séparés » ou : « C'est bizarre, on ne voit plus son père ». On en parlera dans le bureau de la directrice à porte fermée, et une réunion avec la psychologue permettra de savoir comment aider l'enfant, soutenir sa maman, garder le contact avec le père s'il reste impliqué... Elles connaissent les textes en matière d'autorité parentale, ce qu'elles doivent faire ou pas si l'un des membres de la famille vient chercher l'enfant.

Cécile a pris rendez-vous avec moi en urgence, elle est bouleversée, craignant des conséquences psychiques pour son petit Marlon : alors qu'ils ont signé un protocole statuant que jusqu'à 18 mois, le père viendrait voir l'enfant chez la mère deux fois par semaine, celui-ci est allé le chercher à la crèche. La maman était déjà là, mais elle a dû prendre rapidement son bébé apeuré pour entendre la directrice essayer de la convaincre : « Mais madame, il faut le laisser voir son père ! » Ce reproche la révolte car la directrice ne sait pas que le père voit l'enfant à la maison. Je calme les pleurs de la maman et l'incite à aller devant le juge aux affaires familiales pour que les droits du père soient organisés de façon officielle. Sinon, le conflit conduira les parents à garder le pouvoir sur l'un ou l'autre, l'enfant sera au milieu, comme un paquet que l'on s'arrache.

Mieux vous informerez la directrice de crèche, le médecin de PMI, mieux vous serez soutenue et plus vous saurez que dire à l'enfant. Les tout-petits dont les parents sont séparés de plus en plus tôt vont déjà en société : crèche, nounou ou assistante maternelle, il y a pour eux et pour vous, leurs parents, tout un réseau prêt à vous aider. La société est vraiment mobilisée autour des parents séparés, la priorité vous est donnée pour les places en crèche, l'attribution des logements sociaux, l'aide à la parentalité dans les PMI, les maisons de parents, les associations qui multiplient les cafés-débats. Profitez-en, échangez, pour mieux comprendre ce que vous vivez grâce au vécu des autres, et vous vous apercevrez que vous n'êtes pas seuls au monde. Si un enfant demande en crèche ou à l'école : « Où il est mon papa ? », l'éducatrice dira : « Oui, où il est ton papa ? » En partageant son interrogation, elle permet à l'enfant de ne pas se sentir seul. Puis elle ajoutera : « On demandera à maman, ce soir... » et elle en informera la mère. Les enfants en disent souvent plus à leurs éducatrices dont ils ne craignent pas des échappatoires comme : « Mais je te l'ai déjà dit... » Cette information sera donnée de préférence avec la psychologue pour soutenir et conseiller la mère.

Chapitre XII

Pouvez-vous trouver un « substitut » de papa ?

Votre nouveau compagnon ?

Parmi les 2 millions d'enfants de parents séparés, 50 % n'ont pas de beaux-parents, 35 % en ont un (plus souvent une belle-mère, les hommes se recomposant plus que les femmes), 9 % en ont deux[1].

Ils sont donc assez peu nombreux à avoir un beau-père stable (environ 300 000). De fait, la mère rêve, après l'échec de son premier couple, de reconstruire un vrai foyer pour son enfant, mais souvent, il est bien difficile de se faire adopter du nouveau compagnon ! La bonne volonté ne suffit pas, les maladresses s'enchaînent et finissent par aboutir au fameux « De toute façon, c'est pas mon vrai père ! »...

Sans oublier que les beaux-pères arrivent souvent eux-mêmes avec leurs enfants d'un premier lit : les rivalités vont bon train avec ces intrus qui prennent une part de la mère... C'est assez étrange de voir sa propre mère essayer de rendre justice dans les petits

1. Enquête INED 1994, *Population et Sociétés*, n° 342, janvier 1999.

conflits entre des enfants qui ne sont pas d'elle. Et lorsque, dans la joie d'une nouvelle naissance, une de ces mamans m'annonce : « Il ne vous a pas tout dit, docteur, il va avoir une petite sœur ! », combien d'entre eux me disent : « Elle aura trop de chance, elle sera avec son papa ! » Même si les enfants jouent ensemble, la situation n'a souvent rien d'idyllique. La plupart ne revoient d'ailleurs plus leur beau-père après une nouvelle séparation, c'est dire comme ils l'avaient peu investi[1].

Il faut donc garder le plus possible le lien avec le père de l'enfant, ce papa qui l'a quitté si tôt. Bien sûr, le système de garde alternée peut paraître une réponse, mais je dois attirer l'attention des papas qui ont une compagne : les enfants souffrent d'un désintérêt souvent à la limite de l'abandon masqué. Voilà un papa gérant son emploi du temps comme un amoureux plus que comme un père, trimbalant l'enfant dans des promenades qui ne lui sont pas adaptées, faisant des grasses matinées à porte fermée alors qu'il s'ennuie, l'envoyant même en colonie de vacances le maigre temps d'été pour lequel ce père avait tant revendiqué sa présence. Évidemment, le petit préfère alors rester chez sa mère, mais le père refuse bien souvent de comprendre pourquoi les décisions du juge ne sont pas respectées. Et si vous vous octroyiez des plages de tête-à-tête père-fils, en ces week-ends où vous avez la chance de l'avoir ? De la même façon, les enfants de votre compagne ce week-end-là peuvent

1. Voir Edwige Antier, *L'Enfant de l'autre*, Robert Laffont, 2003.

être aussi très heureux d'avoir des moments seuls à seuls avec leur mère. Donc, même si vous avez regroupé les enfants sur un week-end, sachez organiser des sorties séparées. Cela est valable pour la petite fille comme pour le petit garçon.

À l'inverse, parfois, la greffe prend... trop au goût de l'autre ! Thomas appelle son beau-père « papa », et ce sera peut-être retenu contre la mère devant le juge aux affaires familiales. En tout cas, c'est ce qu'invoque le père. L'enfant les appelle tous les deux « papa » selon qu'il est avec l'un ou avec l'autre. Il n'accole même pas le prénom pour les distinguer. La mère se défend :

— Je n'y peux rien. C'est ainsi qu'il l'appelle, spontanément !

— Comment vous, appelez-vous votre compagnon à la maison, en présence de l'enfant ?

Elle reconnaîtra l'appeler le plus souvent, elle-même, « papa ». Or ce n'est pas habituel dans un couple amoureux, sans enfant commun ! Cela veut dire aux oreilles de l'enfant : « Toi qui es le père de mon enfant. » Si la mère appelait son amoureux par son prénom ce petit serait moins enclin à l'appeler « papa ». Il y a donc des façons insidieuses de chercher à supplanter le père...

Cependant, il faut se garder d'être dogmatique. Lorsqu'un enfant appelle son beau-père « papa », cela veut souvent dire qu'il l'aime... C'est un cri du cœur pour un homme très bon.

Tony appelait son beau-père « papa Christophe », mais il voulait aussi porter son patronyme, comme le bébé né de cette deuxième union de sa maman. Il avait obtenu du juge de ne plus aller seul chez son père gravement intempérant. Ce dernier n'était pas venu le voir en espace de médiation, il n'avait pas entrepris de traitement, et petit à petit s'était désintéressé de l'enfant. Tony disait bien se porter de ne plus le voir. Il s'épanouissait dans sa famille recomposée, qui lui apprenait tant de choses : « Christophe ? C'est un savant ! » Plus tard, c'est sûr, Tony fera des démarches pour porter le nom de sa famille recomposée...

Dans la parenté ?

L'exemple d'une figure masculine dans l'environnement d'un enfant sans papa au quotidien est constructif à des conditions bien précises :

— que l'enfant comprenne bien qui est son géniteur ;

— qu'il fréquente une famille amie, dont il peut constater la tendresse dans le couple ;

— qu'un homme de son entourage soit bienveillant envers lui mais aussi, dans les premières années où l'enfant fait corps avec sa mère, protecteur envers elle, constant et solide.

Le rôle du grand-père maternel est immense, non seulement pour donner l'image d'un homme si le père a disparu, mais aussi pour aider les parents séparés dont les charges matérielles, professionnelles et la vie à reconstruire sont très pesantes. Il pourra jouer ce rôle de façon d'autant plus bénéfique qu'il sera bienveillant à l'égard du père absent. Or, face à la douleur de voir échouer le projet de sa fille, les reproches qu'il pourrait être amené à faire à l'égard de l'« ex » seraient très nocifs pour le petit, pris au milieu de sentiments contradictoires. Vous me dites souvent : « Je ne dis jamais de mal de mon gendre ! » mais en dites-vous du bien ? À l'enfant, à votre conjoint et aux amis ? Pour respecter la moitié de votre petit-fils dont les oreilles traînent ?...

Penser que le grand-père maternel va remplacer le père est une utopie d'adulte. Il arrive que l'enfant élevé dans le foyer des grands-parents avec sa mère solo s'imagine que sa mère l'a eu de son grand-père, dans une configuration incestueuse. Il est donc extrêmement important de dessiner régulièrement l'arbre généalogique de l'enfant, première étape lorsqu'il vient en consultation. Même croyant avoir tout expliqué, la mère rectifie alors bien des confusions ! Le grand-père maternel n'est pas un substitut de papa mais il doit correspondre à une image d'homme admiré et aimé, un ambassadeur des hommes, et donc de la figure, même absente, du père.

Ce peut être aussi le parrain, dont la vocation est justement de remplacer le père en cas d'absence, ou un oncle... La famille, les amis doivent former des cercles concentriques autour de la mère et de l'enfant, comme une grande tribu. Chez les Mélanésiens, dont j'ai souvent partagé les cérémonies coutumières, c'est l'oncle maternel qui représente l'autorité et le modèle masculins. Dans les cases, l'enfant dort avec sa mère, la douceur du climat et le rythme naturel de vie permettent aux adultes de s'ébattre à des moments où l'enfant n'est pas témoin. Ce mode de vie est-il transposable chez nous, lorsque le père est absent ? Notre habitat entraîne une sorte de réclusion de la mère isolée avec son enfant. Elle ne vit pas dans un groupe, et le contact avec un oncle ou un parrain n'est qu'épisodique. Le « dormir ensemble », qui ne me choque pas quand l'enfant est petit et qu'il vient se rassurer près de ses parents heureux, devient psychologiquement toxique s'il se prolonge au-delà de 4 ans lorsque la mère vit seule. C'est alors une relation de type incestueux, même si elle n'est que fantasmée, qui pourrait naître si la mère laisse l'enfant grandir en dormant avec elle. C'est beaucoup plus étouffant que dans une société d'échange dont le cadre est plutôt une tribu qu'une famille. Cela est valable en miroir lorsque l'enfant dort chez son papa : il doit avoir sa chambre et ne pas servir de consolateur au papa solo !

Un papa est donc irremplaçable. C'est une réalité difficile à vivre quand la mère a été très douloureusement déçue par sa relation de couple. Mais mieux vaudra pour l'enfant connaître son père réel, avec ses imperfections, plutôt que fantasmer un père imaginaire, un « papa en or », ce qui rendrait plus aiguë la rébellion à l'adolescence, ou un père imaginé méprisable, image qui accentuerait les complications de ses amours futures... Son père est un être humain, avec ses qualités et ses faiblesses.

« Où il est mon maître d'école ? »

« Je suis contente, cette année il a un maître. Lui qui ne voit pas son père, ça va lui faire du bien ! » Il est bien rare que vous puissiez vous réjouir ainsi puisque 94 % des professeurs de l'école primaire sont des femmes ! On ne peut que déplorer cette absence de parité. Même si l'enseignant n'est pas un substitut de parent, il peut donner à l'enfant cette image d'homme savant, qui transmet les connaissances et dit le civisme. Il y avait plus de maîtres au siècle dernier, mon grand-père paternel était directeur d'école primaire à Angers, tandis que ma grand-mère dirigeait une autre école. Dans ma famille a toujours régné la parité par le savoir. On évoque le besoin de professeurs hommes aujourd'hui en invoquant la nécessaire autorité, mais je pense que c'est surtout l'exemplarité qui confère cette autorité. Une femme peut en délivrer autant qu'un homme, il y a d'admirables maîtresses. Mais l'exemplarité masculine quotidienne à l'école est aujourd'hui d'un grand bénéfice pour les enfants sans papa à la maison.

Et comme cette absence ou rareté du père est de plus en plus précoce, il devrait en être de même en crèche où il n'y a que peu d'éducateurs masculins. À coup sûr, la dynamique entre l'éducateur et le reste de l'équipe n'échapperait pas à l'enfant et enrichirait son développement.

Chapitre XIII

« Pourtant, je lui ai déjà tout expliqué »

L'enfant très jeune est un être en développement. Ses compétences à saisir ce que vous lui dites, avec vos mots, élaborés d'après votre pensée adulte, ne correspondent pas aux images mentales que vous avez dans vos circuits neuronaux. Il en comprend ce qu'il peut en comprendre pour son âge, En outre, les interprétations que vous lui donnez du départ ou de l'absence de son père sont subjectives ; celles que donne ou donnerait son père sont différentes. Il grappille aussi des informations lâchées dans une conversation de ses grands-parents, des amis, de sa nounou avec une copine : « Tu sais, ses parents se séparent... » L'enfant essaie de rassembler les pièces du puzzle pour savoir de quoi est fait son monde, mais il en fera des interprétations très personnelles. Comme celui qui m'explique que, s'il comprend mal à l'école, c'est parce que « la graine de papa est juive, celle de maman catholique, alors ça a mal pris ! »

Quand c'est trop complexe pour lui, il enfouit ce qu'il ne veut pas entendre, met parfois physiquement ses mains sur les oreilles, s'échappe vers ses jeux...

Puis les interrogations reviennent, souvent indirectes, exprimées par des troubles du comportement. Quand il vient en consultation parce qu'il ne veut pas se coucher ou a mal au ventre, et quand, tout problème physique éliminé, je lui parlerai de sa vie à la maison, il me dira souvent qu'il ne sait pas où est son papa. Et la mère de s'impatienter : « Mais si, tu sais ! Je te l'ai dit... » Oui, mais il ne reste qu'un brouillard d'explications.

Il faudra donc expliquer à nouveau, autrement, selon l'âge. Il vous faudra y revenir même quand vous aurez l'impression d'avoir été claire et qu'il vous a compris, parce que la vie psychique de l'enfant évolue énormément, la vôtre certes, mais la sienne beaucoup plus encore : ses circuits de la pensée connaissent des remaniements permanents. À l'adolescence encore, puis à l'âge adulte, vous devrez, juste au fil de ses questions, délicatement, dire et redire ce qu'il en est de son père.

Chapitre XIV

Quels sont les signes d'un mal-être ?

Ce qu'ils nous disent

« J'aime pas papa ! » ne doit pas être entendu comme un manque d'amour ou de besoin pour son père. C'est une expression de souffrance par rapport à la relation au père, mais avant l'âge de 5 ans, l'enfant est en telle communion émotionnelle avec sa mère qu'il ressent ce qu'elle ressent. Si le conflit est grand entre eux deux, c'est l'émotion négative liée à l'arrivée du père qu'il ne veut pas. Il arrive souvent que le papa, ne voulant pas forcer, s'en aille et que l'enfant pleure alors devant la porte : « Je voulais mon papa. » C'est dire le désordre dans les émotions provoquées en écho aux chagrins parentaux. Moins vous vous ferez de mal entre parents, plus votre enfant pourra rester à sa place d'enfant sans se croire obligé de dire ce qu'il « veut » ou « ne veut pas ». Le père doit alors montrer de la tendresse pour la mère, dire qu'il ne forcera pas le calendrier : « Je ferai comme sentira maman », et alors, comme par magie, l'enfant s'apaise, reprend ses jeux...

« Il vient quand mon papa ? » Cette phrase en boucle montre la difficulté à cet âge d'avoir des repères de temps et d'espace, dès lors que vous êtes séparés. N'hésitez pas à en mettre sur un grand calendrier ; afficher le nombre de « dodos », avoir une pendule à sa hauteur avec de grandes aiguilles qui vont indiquer l'arrivée de papa ; connaître son bureau, son appartement, permet une continuité entre l'enfant et son père.

Nous avons vu comme il sera complexe de répondre au « Pourquoi je n'ai pas de papa ? », qu'il faut interpréter selon votre situation, en sachant que les mots de « géniteur », « père » et « papa » n'ont pas le même sens pour votre enfant.

« Maman, tu as un amoureux ? » À 5 ans, Alexis voulait marier sa mère à tous les hommes qu'il connaissait peu ou prou. Elle trouvait cela charmant, se disant que son remariage éventuel en serait facilité. Mais ce que l'enfant voulait, c'était être comme les autres, dont il imaginait qu'ils avaient un père idéal. Lorsque Marie eut des prétendants, le garçon, qui avait pris ses aises à la maison, se montra assez exécrable pour les faire fuir l'un après l'autre. Il ne faut donc pas prendre les dires d'un enfant tout jeune pour des engagements d'avenir. Ses questions doivent être entendues en fonction de son âge... Et surtout, il y a des petits qui ne parlent jamais de leur papa, ce n'est pas le signe qu'ils n'y pensent pas. Heureusement, ils ont les dessins pour s'exprimer !

Ce qu'ils nous dessinent

Quand l'enfant n'est pas encore en âge de s'exprimer par des phrases, c'est par le dessin et par le jeu qu'il va pouvoir communiquer ses émotions, ses interrogations. En aucun cas une maman ni un autre parent ne peut interpréter le dessin d'un enfant, ce ne sont pas des choses qui se font sauvagement, sans formation et à partir d'idées préconçues. Il parle dans ses dessins, par les couleurs qu'il utilise, les grands soleils qui illuminent la page ou les chars noirs qui crient la colère... Puis ce sera lors du tracé de son arbre généalogique où il aime tant que l'on montre la place de son père, parce que papa a été un bébé, celle du papa de son papa, du papa de sa maman... Le père est ainsi humanisé, pardonné dans ses faiblesses. Ce qui est important, pour un parent, c'est de savoir relever le caractère étrange, anormal, alarmant du dessin. Ce sont parfois les maîtresses d'école qui interpellent les parents. Elles non plus ne font pas d'interprétation mais par contre vont pouvoir vous dire : « Ce ne sont pas les mêmes dessins que ceux des autres enfants. » Souvent vous tremblez de peur à l'idée de ce que l'on pourrait découvrir comme mal-être chez votre enfant, mais rassurez-vous, au contraire, ce dessin particulier est un message émotionnel qui va pouvoir ouvrir le travail. Ensuite le psychothérapeute aura pour mission de découper, jouer, construire, faire de la pâte à modeler, inventer des scénarios avec les personnages. L'enfant pourra mettre de l'ordre dans l'idée qu'il a de sa famille et réintroduire dans la réalité le personnage de son père. Le dessin est donc extrêmement important.

Ainsi, vous pouvez faire une différence entre l'enfant qui va bien et celui qui est en colère, à sa façon de griffonner. Le petit qui est fâché parce que les grandes personnes ne lui disent pas ce qu'est devenu son papa va prendre la mine avec férocité et hachurer le papier jusqu'à le percer. Il va s'emparer des feutres et en écraser le bout, taper sur le bureau avec la pointe. Il va les jeter et les disperser aux quatre coins du bureau, après avoir pourtant réclamé d'écrire. Il aura du mal à constituer ses bonshommes, mettant du temps à faire le corps. Puis il formera des lettres très petites ou désordonnées, ne respectant pas les lignes, dans un travail taché. Il pourra dessiner un père qui s'envole, à la Chagall, et qu'il veut retenir ; ou bien il oubliera le personnage de son père. Mais parfois aussi, il dessinera un père très grand en s'oubliant lui-même. Ce sont les disproportions qui peuvent attirer votre attention. Les enfants peuvent aussi dessiner des monstres et des figures de père terrifiantes tel ce petit garçon qui aplatissait la tête de ses personnages, écrasés dans la moitié inférieure de la page, persuadé que son père qui le prenait en soutien scolaire le trouvait « nul ».

L'enfant en manque de père peut oublier le soleil, ou tracer des éclairs. La colère est exprimée par des instruments meurtriers, et l'on voit apparaître des couteaux, des perles de sang, des instruments très guerriers qui témoignent de la colère qu'il a à l'égard d'un environnement mystérieux qu'il ne comprend pas. Quand au contraire l'enfant nous fait beaucoup de cœurs, de lumière, de fleurs, tout cela en couleurs vives, cela ne veut pas dire qu'il est plein de mère, mais plein d'amour, et qu'il ressent l'amour qu'on lui porte. C'est l'évolution d'un dessin vers l'autre qui signale le retour au bien-être et à l'harmonie.

Ce qu'ils nous montrent

Il fait des colères, se montre grognon à la crèche, ne joue plus avec les autres... Il adopte des comportements régressifs, se remet à sucer son pouce, pleurniche pour un oui ou pour un non, se met en transe quand vous devez partir ou éprouve un besoin accru d'accaparer son éducatrice à la crèche. Tristesse ou colère, voilà la façon de dire son mal-être pour un enfant entre 2 et 3 ans. Si vous ne savez pas traduire son désarroi, vous parlerez de « caprices », vous vous fâcherez et il se sentira d'autant plus perdu que toute sa vie quotidienne repose sur vous. Il est donc important que vous compreniez ses colères et essayiez de les apaiser en jouant et en racontant des histoires. Une mère élevant son enfant seule dans ces années pleines de curiosité n'a pas toujours la disponibilité d'esprit ni la force que demande un tout-petit. Attention à la dépression larvée que personne ne voit et qui laisse l'enfant encore plus désemparé... Il faut savoir entourer ces mamans seules, même quand elles ne se plaignent pas, car le questionnement du petit sans papa se traduit de façon d'autant plus colérique qu'il veut stimuler cette maman dont il dépend absolument. C'est pourquoi un enfant de maman solo sera prioritaire pour une place en crèche. Il faudra prêter attention à bien respecter la période d'adaptation car l'enfant peut vivre la séparation d'avec sa maman comme un nouvel abandon : il sent que sa mère est seule, débordée, et imagine qu'elle pourrait le quitter, comme l'a fait le père ; dans sa tête ce serait sa faute car il fait des colères. Grâce à une transition en douceur, un accueil de la maman autant que de l'enfant par les éducatrices et la psychologue, l'enfant sent qu'il y a un lieu de parole et adopte la crèche comme un univers où les émotions des adultes sont laissées de côté au profit de l'attention aux enfants.

Le jeune enfant somatise ses angoisses et son besoin de protestation au niveau de son ventre. Ce n'est donc pas le moment pour essayer de le rendre propre ! Bien sûr, entre 2 et 3 ans, se profile la rentrée scolaire, alors justement vous risquez de le presser à la propreté... en même temps que vous vous séparez du père. Or, pour le garçon en particulier, ce qu'il émet dans son pot ou dans les toilettes le ramène à sa peur de perdre sa virilité. Si pour des questions de concomitance, dans les allers-retours des week-ends et des vacances, où chacun éduque à sa manière, l'en fant lie les deux phénomènes, il risque de ne pas pouvoir maîtriser son sphincter. Laissez-le devenir propre tout seul, à son rythme, sachez que la plupart des enfants sont naturellement propres à la rentrée scolaire par le simple fait d'être avec les autres. S'ils ont peur d'échouer, ils réclameront une couche en rentrant de l'école mais ils auront su se retenir. Si l'entourage, mamies ou nounou, qui fait de la propreté un objectif des vacances, se met en tête – avec bonne volonté certes – de le rendre propre dans un climat de séparation parentale tendu, l'enfant risque de marquer son opposition justement avec l'émission de ses selles dans sa culotte. Il faudra alors consulter, car sans dialogue, la continence sera d'autant plus difficile à récupérer qu'on n'aura pas fait la relation de cause à effet avec la situation.

Rémi était en résidence chez sa maman et devait aller un week-end sur deux et la moitié des vacances scolaires chez son père. Celui-ci me dit que son fils avait vraiment besoin d'autorité, à moins qu'il n'ait un problème intestinal. Il ne savait pas comment se faire obéir car il était très mal élevé par la mère. La dernière « bêtise » qu'avait faite Rémi, qui était âgé de 6 ans, était d'avoir badigeonné les murs des toilettes avec ses mains pleines d'excréments. Quand le père avait découvert l'état des toilettes, il avait pris une ceinture pour frapper son enfant, qui était parvenu à s'enfuir. Le père se reprochait sa réaction et me demanda comment retrouver son autorité. « Ne faudrait-il pas qu'il vive plus longtemps chez moi ? » L'homme parlait d'autorité, sans vouloir réaliser le désespoir intense de l'enfant que représentait une telle provocation. L'expression : « Je vous emmerde » est accessible aux adultes mais comment un enfant peut-il le dire autrement que physiquement ? Ce sont surtout les garçons qui s'expriment avec leurs excréments soit par des salissures, soit en se retenant avec des fuites en permanence qui obligent le parent à laver le linge, soit encore en ne tirant pas la chasse, soit enfin, plus explicitement, en constellant les murs des toilettes. C'est la seule façon qu'a l'enfant de protester contre une souffrance extrême. Il faut donc l'entendre au lieu d'ajouter à la souffrance une autre souffrance par la punition, l'humiliation ou la maltraitance.

Dans le cas de Rémi, il fallait que ce père dise : « Comme tu dois être malheureux pour te comporter ainsi et avoir envie de tout salir... » Si ce père gardait un dialogue avec la maman, il pourrait l'appeler et demander si l'enfant en faisait autant chez elle. L'enfant, seul, put me dire qu'il ne faisait jamais ça chez sa mère. En ce cas, le père devait se dire : « Pourquoi Rémi me provoque à ce point ? Qu'a-t-il à me dire ? » Mais le père ne voulait pas entendre, il savait que l'enfant rechignait à venir chez lui, où avec sa compagne ils dénigraient énormément la mère. L'enfant se sentait très mal chaque fois qu'il devait y aller, mais on l'y obligeait, « le juge l'avait dit ! » J'ai donc essayé de faire comprendre à ce père qu'il fallait faire cesser la souffrance de son fils. Est-ce que ce père pouvait dire : « Je vois que tu n'es pas bien et je veux comprendre pourquoi ? »

— Ah ! Je sais ce qu'il va me répondre, me dit le père. « Non, je ne suis pas bien, parce que je ne veux pas venir chez toi. » Mais, docteur, il doit venir voir son père !

— Peut-être que vous n'êtes pas pour lui le vrai papa qu'il aime ? Est-ce que vous pouvez d'abord lui demander comment vous pourriez faire pour être un bon papa, quel est le rôle d'un bon papa ?

— C'est l'autorité ! me dit le père.

Oui... mais l'autorité se conquiert par le respect réciproque. Et puisque ce père avait fait la démarche de venir me voir, je lui ai conseillé de ne prendre son fils que pour des sorties intéressantes de père à fils, d'aller visiter une ferme, un parc culturel, un atelier, partager une activité sportive, pour de vrais rendez-vous. Peut-être plus courts mais plus fréquents, en restant près de chez sa mère pour lui éviter de prendre le train. Certains pères auraient mis leur amour-propre en avant : « Je dois l'avoir pour le week-end ! Il doit dormir chez moi ! » Le miracle fut que celui-ci accepta une tentative pour quelques semaines. Il la proposa lui-même à la mère, choisit un club d'équitation où le garçon put ainsi se rendre tous les dimanches, absolument enchanté. Après la séance, ils allaient ensemble prendre un chocolat en parlant des chevaux.

L'enfant fut totalement réconcilié avec son père et attendit ces dimanches avec impatience. La compagne du père se sentit un temps exclue mais je lui fis comprendre qu'elle avait épousé un homme qui avait un petit garçon et que leur relation sauvegardée était importante dans leur équilibre. L'enfant va maintenant très bien.

Ce qu'ils enfouissent

Les enfants de parents séparés ont souvent des trous dans leur histoire : le sentiment de culpabilité, la difficulté de raconter l'histoire sans critiquer l'autre parent incitent au silence. Lorsque des parents se séparent et vivent avec une nouvelle personne, il n'est pas naturel de parler de l'enfance de l'enfant de l'autre. Les albums sont rangés au fond d'un placard, on ne dira pas au nouveau compagnon : « Tu te souviens... de ses premiers pas, de ses premiers mots, de son entrée en maternelle... » Cette mémoire inactivée donne à l'enfant l'impression de blancs dans son histoire. Un beau-parent respectueux doit s'intéresser aux premières années de l'enfant, même s'il est jaloux des amours antérieures de son conjoint, même si les contentieux poussent plus à maudire l'ex... L'enfant le porte en lui ! Et c'est lui dont, par les silences, on dénie l'existence !

Ce qu'il a enfoui et qu'il nous faut retrouver lorsqu'il semble en difficulté, souvent plus tard, à l'adolescence, c'est l'impression douloureuse d'être « nul ». Il voudrait alors rentrer sous terre, disparaître, et adopte des comportements destructeurs. Il se sent « nul » parce qu'il n'a pas « mérité » que son père reste ; ses parents ne l'ont pas trouvé assez intéressant pour dépasser leur zizanie et le laisser grandir dans une famille unie.

Le plus souvent, des entretiens psychologiques vont permettre à l'enfant de réparer son estime de soi et d'apaiser les angoisses qui perturbent ses apprentissages et sa sociabilité. Mais si le traumatisme causé par le manque de père a été trop dénié par la famille, il peut engendrer une vulnérabilité particulière aux désordres mentaux.

Ce qu'ils ressortent

Lorsque l'absence du père n'a pas été bien accompagnée par les adultes, elle ressurgit régulièrement dans le comportement de l'enfant, dans son efficience scolaire et sa sociabilité. Le point commun à tous ces troubles est le manque de confiance en soi.

C'est avant tout l'angoisse de séparation qui risque de revenir à chaque étape de la vie des petits sans papa : désarroi à l'entrée à la maternelle, en cas de changement d'école, puis à l'adolescence, dépendance à un professeur, incapacité à s'adapter en cas de perte de ce maître, ensuite repli sur soi par peur de perdre l'ami le plus cher... L'enfant peut se coller longtemps à sa mère pour dormir, dans l'incapacité de sombrer seul dans le sommeil ou le besoin de consoler sa mère, tout en provoquant des crises insupportables dans la journée... Les parents ont du mal à imaginer l'amertume d'un enfant qui pense ne pas avoir mérité que ses parents restent unis. À l'adolescence, il se protège de la déception en évitant de s'attacher. Ce cynisme n'est qu'un moyen de se défendre d'un attachement douloureux. Par crainte d'une union instable, le jeune préférera ne pas se lier, nuisant par là même à son propre élan vital lors de ses rencontres amoureuses. Puis, lorsqu'ils seront parents, ces enfants sans papa voudront à tout prix éviter pareille épreuve à leurs propres enfants, au prix de concessions parfois douloureuses dans leur vie privée... Ou bien, à l'inverse, ils renouvelleront la fuite du père avec plusieurs femmes et plusieurs enfants. Les jeunes filles qui voient leur mère surmenée, triste, sans appui du père, peuvent, elles, bloquer leur évolution vers une féminité épanouie, la procréation, et entrer dans l'anorexie. Toutes les histoires relatées dans le beau livre d'Agathe Fourgnaud, *Le jour où mes parents ont divorcé*[1], témoignent de ces séquelles ; dans la vie future des enfants sans papa du quotidien.

Les fugues pour aller rejoindre un père qui n'est plus associé à leur vie depuis longtemps constituent certainement le versant le plus pathétique de cette quête des adolescents : le père ayant perdu le rythme propre à l'éducation d'un jeune garçon, et « refait » sa vie en parallèle, ne se sent plus concerné et reporte la responsabilité sur la mère dont l'autorité est dépassée. Alors, le jeune attire l'attention par des vols et des agressions. Il est bien tard pour ramener le père dans son histoire. C'est à cause de cet effet boomerang que les juges aux affaires familiales essaient de plus en plus de donner du temps de l'enfant au père ; les mères doivent le comprendre au lieu de considérer comme une victoire la plus ou moins longue coupure

1. Agathe Fourgnaud, *Le jour où mes parents ont divorcé. Des adultes témoignent*, Presses de la Renaissance, 2009.

qu'elles ont obtenue entre l'enfant et son père. Mais c'est surtout dans les résultats scolaires que les effets négatifs sont quantifiables : les études qui ont assez de recul sur les enfants du divorce montrent le risque de moindre réussite à l'école : « Que vous utilisiez les grades (classes) suivis par les enfants, les notes aux tests normalisés, ou le taux d'abandon scolaire, les enfants dont les parents divorcent ont généralement les plus pauvres scores. Ces résultats ont été trouvés assez constamment tout au long de diverses études de recherche au cours des trois dernières décennies », remarque, entre autres chercheurs, Robert Hughes, en ajoutant : « Fait important, les performances réelles des enfants, sur les tests, montrent invariablement cette différence, mais les résultats basés sur l'observation de l'enseignant ou des parents sont moins susceptibles de montrer cette différence. Nous croyons que les parents et les enseignants sous-estiment souvent les difficultés d'un enfant, peut-être pour ne pas reconnaître les problèmes[1]. » Or la plupart des jeunes ainsi étudiés appartiennent à une génération d'enfants de divorcés qui voient très peu leur père.

Pourquoi cette moins bonne réussite scolaire ? L'expérience montre que lorsqu'ils s'intéressent à l'éducation de leurs enfants, les pères ouvrent leur curiosité vers l'espace, l'ingénierie, les outils informatiques. Les mères sont plus attentives au suivi scolaire, mais lorsqu'elles élèvent seules leurs enfants,

1. « Divorce and The Effects on Children », University of Illinois, 2009.

elles sont souvent trop débordées pour être efficaces dans ce soutien. Néanmoins cette moindre réussite à l'école des enfants de parents séparés ne tient pas seulement à un manque de stimulation et de soutien. «Dans certains cas, il semble que les difficultés des enfants avec l'école sont davantage causées par leur comportement que par leurs capacités intellectuelles», affirme encore Robert Hughes. Ces enfants présentent un contraste entre une hypermaturité dans l'analyse des situations relationnelles et une immaturité dans leur tendance à régresser dans leurs jeux, se réfugiant dans leurs bacs à Playmobil ou Barbie alors que les devoirs les attendent... «Elle n'aime que jouer», me dit la maman de Cynthia. Les leçons de morale sont moins convaincantes venant de parents qui ont eux-mêmes reconnu avoir fait de mauvais choix sur ce qui est le plus essentiel dans la vie, leur partenaire amoureux, et qui, en outre, ont fait exploser le système de vie de l'enfant... «Qui tu es, toi, pour me dire ce que je dois faire dans ma vie ?» dit Enzo à sa mère. «Comment tolérer une telle insolence ?» me demande-t-elle. Il faudra trouver un interlocuteur neutre qui renouera le fil de leur destin, et Enzo se remettra progressivement au travail.

Un enfant sans père peut aussi entrer dans une dépression tardive grave. La mère de Rémi l'a conçu avec un homme qui était en relation régulière avec elle. Il ne lui avait pas dit qu'il était marié dans une autre ville. Lorsqu'elle s'est trouvée enceinte, il a refusé totalement de poursuivre leur relation. Elle a pu prouver sa paternité mais elle n'a pas forcé le père à prendre l'enfant : il avait lui-même une vie maritale. Elle n'a pas voulu aller jusqu'à l'obligation, craignant que son fils n'ait à se rendre régulièrement dans cette autre famille qu'elle ne connaissait pas et qui lui était totalement étrangère. Pour avoir la paix elle n'alla pas plus loin que la recherche de paternité et ferma les yeux sur le fait que le père ne répondait pas à ses obligations. Elle se sentait ainsi plus tranquille. Elle était toujours très inquiète de l'éducation qu'elle pouvait lui donner et très vigilante au respect des autres par Rémi, à l'autorité et aux résultats scolaires.

Rémi fut un excellent élève jusqu'en classe de troisième puis il s'effondra totalement et ne voulut plus rien faire. La maman était infirmière, faisait des gardes de nuit et travaillait énormément pour lui offrir des cours de soutien scolaire, elle essayait de lui parler de son avenir mais Rémi s'en désintéressait totalement. Il n'eut pas son baccalauréat et ne sut pas vers quoi s'orienter. Il se réfugia vers du graphisme sur ordinateur et se mit à créer des pages d'accueil, véritables œuvres d'art complexes, mais l'idée qu'il veuille être graphiste agressait totalement sa mère. Elle disait volontiers que ce n'était pas un métier et sans doute le symbole de ce que représentait le milieu de la création artistique dans le domaine de la couture la renvoyait-il à des émotions insupportables. Ce n'est pas ce qu'elle projetait pour son fils, mais ce grand adolescent exprimait par là sa souffrance d'avoir eu un père le rejetant. Il devenait totalement asocial, déprimé et le regard négatif de sa mère sur lui ne faisait qu'aggraver sa dépression. Retrouver le père était impossible après tant de temps passé à l'avoir exclu. Ce qu'il fallait lui dire maintenant, c'est qu'il était un garçon remarquable et qu'un jour il rencontrerait son père, qui serait peut-être très étonné d'avoir un fils tel que lui. Mais il fallut encourager la mère à le laisser aller à son destin personnel tel qu'avait été son histoire avec son absence de père. Sinon la dépression grave de Rémi pouvait être de mauvais pronostic.

« Pour compenser l'absence du père, il ne faut pas faire comme si le père était mort ou n'avait jamais existé. Car il importe au plus haut point d'éviter que l'enfant pense qu'il remplace son père auprès de sa mère. Si la mère se console de la perte de son mari avec son fils ou sa fille, comme elle le ferait avec une poupée ou un ours en peluche, elle pervertit son enfant. Alors qu'une mère ne devrait pas avoir honte de dire qu'elle regrette de ne pas avoir d'homme dans sa vie et ne devrait pas hésiter à bien manifester que ce n'est pas l'enfant qui peut prendre cette place[1]. »

Autant dire que l'enfant élevé sans papa est prédisposé aux sorties de route comme une voiture qui perd une roue... mais cela n'est pas inéluctable ! Certes les

1. François Dolto, *Les Étapes majeures de l'enfance*, *op. cit.*

enfants du divorce sont plus à risque de difficultés, mais un grand nombre d'entre eux traverseront les épreuves avec une remarquable résilience, cet « art de naviguer dans les torrents » étudié par Boris Cyrulnik. S'épanouir et surmonter le choc de la séparation des parents sera possible s'ils ont pu maintenir entre eux une communication affectueuse.

Être avertis des risques que nous venons d'analyser doit vous conduire à réparer le plus possible le lien avec le père. Savoir que les absences du père favorisent les troubles du comportement et les difficultés scolaires vous préservera de tomber dans l'énervement envers l'enfant, les punitions, les châtiments corporels, gifles et claques : plus vous serez compréhensifs et patients, plus vous respecterez l'angoisse de l'enfant, en vous faisant aider au besoin par un psychologue, et plus votre enfant reprendra le goût des études et un comportement adapté à sa vie de relation avec les autres.

Chapitre XV

Selon son mode de garde

Que de batailles autour de la « garde de l'enfant »... Blessée par la séparation, que la mère en soit la décisionnaire manifeste ou pas, elle a l'impression qu'on lui arracherait les entrailles en lui prenant son enfant, et qu'elle serait en quelque sorte jugée mère indigne si elle ne l'avait pas ! De son côté, le père ne voit pas pourquoi il serait séparé de lui, et se verrait dénier le droit d'une vie commune, des biberons chocolatés du matin et des câlins du soir... Bien sûr, chacun évoquera le bien de l'enfant, mais il y aura aussi les chagrins personnels mêlés et les questions financières qui entreront en jeu. C'est dire comme l'enfant risque d'être ballotté de l'un à l'autre, avec des justifications souvent fallacieuses pour telle ou telle revendication. Plus les prétextes sont tricheurs dans ce combat, plus jeune est l'enfant qu'on se dispute, et plus risque de s'installer un profond désordre dans sa pensée, dans sa logique, dans son concept de la « vérité », puisque la vérité de papa n'est pas la vérité de maman. Nous verrons en conclusion comment transformer ce combat pour « avoir l'enfant » en une alliance dans l'intérêt de celui-ci. La présence de son enfant est un droit du père mais aussi un devoir : il doit respecter les heures promises de son arrivée, de son retour, les rendez-vous et les activités, il doit remplir son devoir d'entraide à la maman. Dans ces conditions l'enfant courra bien volontiers vers ses bras ouverts ! Voici donc quelques suggestions sur la façon de gérer au mieux les transitions pour l'enfant toujours en va-et-vient...

Que dire le vendredi soir ?

Les rythmes scolaires ont été modifiés, les samedis matin à l'école libérés, en grande partie pour que les « papas du week-end » puissent profiter à plein de leur enfant. Quand vous venez le chercher à la sortie de classe le vendredi, la transition école-maison de papa se passe en général pacifiquement. La mère aura mis l'enfant en condition pour qu'il ne soit pas surpris de voir son père : un calendrier affiché dans sa chambre lui a permis d'anticiper le moment. On aura pu le lui rappeler le matin, mais attention au ton adopté pour dire : « À la sortie de l'école, c'est papa qui vient te chercher... » Un objet de transition à remettre au père, un beau dessin, un livre à raconter, aide l'enfant à penser que sa maman est heureuse qu'il retrouve son père. Une réflexion sèche : « Tu diras à ton père de ne pas oublier ta tenue de sport dimanche soir ! » est calamiteuse : l'enfant se sent mortifié en même temps que son père ! Mieux vaut placer dans le sac une liste pour papa des choses à ne pas oublier. C'est une affaire d'adultes.

Si le père vient chercher l'enfant à la maison, l'idéal est une conversation d'amis. Au lieu de commencer d'emblée par : « Je t'ai mis ses baskets dans son sac », un « Comment vas-tu ? » permet au petit de savoir que ses parents se préoccupent toujours l'un de l'autre, et pas seulement de lui : parce qu'ils se soucient l'un de l'autre, leur union affective n'est pas complètement dissoute, et sa naissance a un sens ; ils gagnent en crédibilité donc en autorité... Prendre un verre ensemble rend votre nouveau lien encore plus bénéfique à l'enfant, qui peut rester à sa place d'enfant au lieu d'essayer de faire pression sur l'un ou sur l'autre pour transgresser l'autorité. Que le père ne s'étonne pas si l'enfant court à l'autre bout de la pièce ou s'il va se cacher derrière un siège... Cela ne veut pas dire qu'il n'a pas envie de le voir, la même attitude peut se produire quand la mère vient le chercher chez sa nounou : un trop-plein d'émotions le submerge. En lui laissant du temps, en parlant avec sa maman, avec sa nounou, en donnant un objectif au changement de cadre – « J'ai pris du pain pour donner à manger aux pigeons », « Nous avons un nouveau DVD à regarder... » –, le petit sort de son trou.

Si l'enfant pleure pour aller chez papa, que la mère lui dise : « C'est vrai, c'est parfois compliqué de changer de maison. Mais je suis bien contente que papa vienne te chercher parce qu'on l'aime, ton papa. Et j'ai des tas de choses de grande personne à faire, ça va me faire du bien, à moi aussi... » Ainsi évite-t-on le « conflit de loyauté » dans lequel l'enfant peut s'enfermer vis-à-vis de sa mère, ne voulant pas la trahir en se montrant heureux d'aller chez papa.

L'un des dangers pour les papas du week-end est que, lorsque le père a trouvé une nouvelle compagne, l'enfant ne devienne qu'un comparse supplémentaire dans la maison. Finis les tête-à-tête entre papa et lui, les sorties qui permettent un échange passionnant et intime. Devant le témoin qu'est la « nouvelle amoureuse » de papa, l'enfant est prié de jouer seul, ou avec des enfants qui ne sont pas ses frères ou sœurs, et les moments de complicité se font rares. Je ne saurais trop suggérer au père qui n'a son enfant qu'un week-end sur deux de lui réserver tout son temps sans faire la « fausse famille » comme me disent les enfants contraints d'accepter des promenades avec papa et la « nouvelle » (que maman n'apprécie pas, bien souvent), l'enfant n'étant que peu écouté par un homme si heureux de retrouver un nouvel amour... Les papas du week-end ont peu de temps avec l'enfant, ils doivent donc organiser leur emploi du temps de ces moments précieux en fonction de lui, et s'octroyer des moments de sortie entre eux, sans « pièce rapportée ».

Le retour du dimanche soir est une épreuve pour l'enfant et pour ses parents... Le petit perçoit l'émotion du père. Si celui-ci met un long moment à pouvoir quitter son enfant, ou même pleure sur son épaule, il risque de renverser les rôles du qui doit consoler qui. Mieux vaut alors consulter un psy pour se faire soutenir, car l'enfant ne doit pas être une béquille ! Chargé de son lourd fardeau affectif, le petit aura bien du mal à contenir sa colère chez maman. Ne vous étonnez pas s'il y a un flottement de deux ou trois heures, avec caprices et refus du bain, du repas, du coucher... Déchiré entre ses parents, l'enfant vit mal le changement : n'en déduisez pas que son père lui a « monté la tête » contre vous, non, il y a simplement trop de chagrins, de rancœurs et de non-dits des uns et des autres à trimballer d'une maison à l'autre. Il lui faut du temps pour se retrouver. Il y a pour cela des phrases magiques : « Elles sont belles ces chaussures ! C'est papa qui les a trouvées ? », et non : « Évidemment, il a pris froid... il était chez son père ! » Si la mère gronde, crie, pense que c'est « la faute du père, le rendre dans cet état... », l'enfant n'en sera que plus désemparé. Si elle reste calme, commente : « Oui, c'est difficile de changer de maison » et montre sur le calendrier le mercredi où il ira dormir chez papa, le petit va s'apaiser et reprendre le cours de sa vie d'enfant.

Que dire s'il est en garde alternée ?

Vous êtes de plus en plus nombreux à demander la résidence alternée de l'enfant, demande qui aboutit pour un enfant sur dix, bébés compris[1] ! Ce sont particulièrement les parents vivant en union libre qui la demandent. La résidence alternée est maintenant

1. Sources : rapport d'information du Sénat, 2005-2006.

revendiquée presque systématiquement comme un droit paternel dès que l'idée de séparation est évoquée par la mère. À tel point qu'elle est souvent utilisée comme une menace contre la mère en souffrance, trompée : « Si tu demandes la séparation, je demanderai la garde alternée ! » Il faut dire que le juge aux affaires familiales sera le plus souvent réticent à instaurer une résidence alternée pour un enfant de moins de 5 ans, suivant en cela l'avis de Mme Claire Brisset, première défenseure des enfants, qui, dans son rapport d'activité de l'année 2005, a dénoncé les problèmes posés par ce mode de garde pour de très jeunes enfants. Elle a indiqué dans son audition au Sénat avoir été « saisie de situations individuelles particulièrement délicates, comme celle d'un enfant qui, dès l'âge de 6 mois, alternait entre six semaines chez sa mère en France et six semaines chez son père aux États-Unis, ou celle d'un enfant scolarisé en primaire qui alterne une année sur deux chez l'un de ses parents dans des pays de langue différente. De telles situations, et d'autres, invitent à entreprendre une enquête chez ces enfants pour évaluer l'état psychologique, le développement, les conditions et la réalité du maintien des liens avec les parents[1] ». Pour Claire Brisset, « la prudence paraît s'imposer pour les plus jeunes enfants ; ce serait d'ailleurs rester fidèle à l'esprit des débats parlementaires de 2002 qui invitaient prudemment à exclure le principe de la résidence alternée pour les très jeunes enfants, par exemple

1. *Ibid.*

avant l'âge de 5 ou 6 ans». La pédiatre Francine Lecat s'est alarmée dans la revue *Médecine et Enfance*[1] de l'émergence de nouvelles pathologies chez quatre petits patients parmi une douzaine concernés par ce système de garde, âgés pour dix d'entre eux de moins de 4 ans, suivis pendant cinq ans.

Alors que faire pour qu'en cas de séparation le père conserve sa place avec un tout-petit? Faire passer l'intérêt de l'enfant avant le conflit conjugal et les questions d'amour-propre est toujours difficile. Les deux parents doivent faire appel à un médiateur, un conseiller de couple, ou prendre chacun un psychologue pour calmer leur conflit personnel avant de prendre une décision quant à la séparation d'un tout-petit d'avec sa mère. «Le rôle du père, disait le pédiatre et psychanalyste Winnicott, est d'empêcher quiconque de s'immiscer entre la mère et le bébé[2].» Ce n'est donc pas de promener le bébé par monts et par vaux loin de sa mère! Mais il faut aussi que la maman soit objective : quand une mère me dit qu'elle ne peut pas laisser son nourrisson au père pendant une semaine de vacances, alors qu'elle le laisserait à sa propre mère, il faut comprendre que cela relève plus du contentieux entre adultes que des besoins propres à l'enfant. Ce n'est pas pour autant qu'il ne faut pas entendre cette mère : son blocage vient de l'hostilité qu'elle ressent dans l'environnement du

1. «Quatre observations de résidence alternée», *Médecine et Enfance*, novembre 2007.

2. D.W. Winnicott, *Le Bébé et sa mère*, Payot, 1992.

père, de la part de sa belle-mère, ou à cause de la présence d'une maîtresse rivale... Il est alors bien compréhensible qu'elle ne veuille pas se séparer de son enfant pour un milieu haï ! En revanche, si le père la comprend, demande son enfant pour s'en occuper lui-même, sans intervention extérieure, sans promenade avec celle qui l'a détourné de son couple, la mère acceptera plus facilement et le nourrisson sera moins stressé, lui aussi.

On ne peut donc dans cet âge tendre séparer un enfant de sa mère que par petites touches fréquentes. Je connais des papas qui viennent chaque soir jouer avec leur enfant avant que la mère ne rentre, raccourcissant d'autant la journée de séparation, ou qui viennent prendre bébé le matin pour le conduire à la crèche dans une charmante promenade quotidienne, pensant à tous ces petits détails pratiques à ne pas oublier, le doudou, le médicament... qui lient à un enfant.

Que des pères intiment à la mère de sevrer le nourrisson pour obtenir la garde alternée est le summum de ce combat pour l'enfant. Le plan nutrition santé recommande, sur directive de l'OMS, que l'enfant soit allaité totalement par sa mère jusqu'à 6 mois, puis en mixte pour être sevré entre 1 et 2 ans. Cette durée d'allaitement est largement pratiquée dans tous les pays anglo-saxons et scandinaves. Mais en France, une mère qui allaite plus de six mois est volontiers considérée comme trop « fusionnelle » et cela peut même conduire à précipiter une garde alternée ! À tel point que Martine Herzog, professeur de droit privé et pénal et mère de cinq enfants, recommande à la mère de cacher son allaitement : « Certains juges aux affaires familiales comprennent le besoin de l'enfant et préconisent une organisation qui en tienne compte, mais pas tous[1]. »

Mon conseil au père pour garder sa place est d'être présent le plus possible, quelles que soient les complications que cela représente pour sa vie personnelle, et surtout bienveillant envers la mère, respectueux de ce qu'elle ressent pour son enfant. Il fera ainsi tomber la barrière de ses appréhensions et petit à petit aura de plus en plus de temps à passer avec son enfant. D'autant plus que 2 ans, les *terrible twos*, est l'âge où l'enfant a un tel appétit de découvertes ! La mère sera bien soulagée de partager plus souvent son temps de garde avec un papa attentif.

Si le père a dû quitter le domicile conjugal pour violences envers la mère, il sera prudent d'organiser des visites en lieu de médiation. Ainsi que l'a souligné Mme Josèphe Mercier, lors de son audition au Sénat, il apparaît en tout état de cause souhaitable de favoriser la mise en place d'espaces de rencontre entre parents et enfants, ou « lieux-relais » adaptés permettant aux pères violents d'exercer leur droit de visite sans être seuls avec les enfants ni avoir accès au domicile de la mère, le temps d'une prise de conscience de la gravité de leur comportement, en espérant qu'elle se fasse.

Dans la plupart des séparations aujourd'hui, la bataille pour l'organisation de la résidence des enfants

1. Martine Herzog, *Allaitement maternel et droit*, L'Harmattan, 2007.

dure plusieurs années, de tentative de protocole en premier jugement puis en appel... Les conflits prolongés à propos de la garde des enfants, ou les pressions sur l'enfant pour prendre parti pour l'un ou l'autre, peuvent être particulièrement douloureux pour les jeunes et surajouter aux dommages provoqués par le divorce.

À terme, la résidence alternée est souvent pratiquée pour un temps d'essai. Ce n'est ni un bon ni un mauvais système. Il est difficile à vivre pour l'enfant, comme il vous serait très difficile à vous de changer d'appartement toutes les semaines, avec la logistique *ad hoc*, vêtements, livres et jouets... L'avantage de ce système, aujourd'hui privilégié par la loi, est qu'il préserve au mieux le lien avec le père. Mais le père est d'autant plus investi par l'enfant qu'il est porteur de paix. La relation dépend beaucoup plus encore des relations dans le couple parental que de la façon dont on découpe le temps... Changer d'univers spatial est complexe, mais changer d'idéologie éducative et passer d'un camp retranché à l'autre est destructeur. C'est pourquoi la garde alternée est si souvent conditionnée par les juges à une bonne entente entre les parents, et au besoin à un travail préalable de médiation. La bonne foi doit aussi soutenir cette demande : la garde doit être organisée selon les disponibilités de chaque parent, et non pour transférer du temps de maman sur du temps de mamie ou de copine ou de nounou, et réciproquement. Quand un père est enseignant, avec des disponibilités de fin de journée, n'est-il pas plus à même de recevoir son enfant qu'une nounou ?

S'adapter à un beau-parent, et parfois à plusieurs successivement, qui sont présents une semaine sur deux, est compliqué pour l'enfant. Aussi, « l'avancée en âge des enfants constitue avant tout un facteur important d'abandon de la résidence alternée. Si les enfants ne jouent qu'un rôle mineur dans le choix de ce mode de garde, leur rôle est déterminant dans la modification du rythme choisi voire dans l'arrêt de ce fonctionnement, notamment à l'adolescence (40 % des enfants concernés par un abandon de résidence alternée dans notre échantillon sont âgés de 15 à 17 ans, 25 % de 18 ans et plus). La “souplesse” revendiquée par de nombreux parents, qui se veulent notamment attentifs aux besoins et aux attentes exprimés par leurs enfants, fait que ce mode de garde relève d'un équilibre délicat à maintenir au fil des années. Ainsi, 20 % des parents disent avoir décidé de changer la modalité temporelle de l'alternance, soit parce qu'ils avaient des difficultés à s'organiser professionnellement, soit parce que l'enfant en a fait la demande. D'autres raisons sont également invoquées, comme la nécessité de modifier un rythme qui se révèle perturbant pour l'enfant ou difficile à organiser au quotidien[1] ».

1. F. Brunet, P. Kertudo et S. Malsan, « Étude sociologique sur la résidence en alternance des enfants de parents séparés », *Dossier d'études*, n° 109, 2008, téléchargeable sur www.caf.fr, rubrique « Qui sommes-nous ? ».

Quand le père a la garde

Il reste très rare d'attribuer la résidence d'un jeune enfant au père : un enfant de 2 ans est confié dans 2 % des cas au père, un enfant de plus de 15 ans dans 15 % des cas. Cela peut être pourtant éminemment souhaitable ! Il m'est arrivé d'inciter un père à en faire la demande, dans l'intérêt de l'enfant.

C'est le cas pour Sophie, 2 ans et demi : son père est enseignant et sa mère sans emploi. Ils me sont adressés par un ami commun qui m'a fait part de son inquiétude pour la santé de l'enfant, maigrichonne et pâlotte. Après avoir éliminé des causes organiques à cet état, je m'enquiers des conditions de vie. Il apparaît que les parents sont séparés, la mère ayant élu domicile chez un homme d'affaires qui l'entretient. Elle me confie une relation tumultueuse, des scènes devant l'enfant, et reconnaît elle-même que la petite serait mieux chez son ex-mari. Celui-ci me dit pouvoir s'organiser. Je leur confirme que l'enfant a besoin de stabilité, ils optent pour cette voie le temps que la mère trouve un mode de vie plus serein. Ils conviennent qu'elle viendra voir son enfant dans la maison du père autant qu'elle le voudra. Mais le climat se détériorera à nouveau rapidement, l'enfant étant sollicitée pour dire « qui elle aime », question fréquente lorsque les parents sont inquiets. Il faudra graver dans les écritures du juge la résidence chez le père pour que l'enfant soit apaisée.

Je pense aussi à Cindy, dont je dus appeler le père pour qu'il l'accueille à plein temps, faisant ainsi prendre conscience à la maman que l'on ne pouvait pas héberger sa fille et se droguer... Ces papas savent alors remarquablement s'organiser et se montrer aussi protecteurs de la mère, attitude bénéfique pour l'enfant.

Dans le divorce, depuis trente ans, la résidence principale accordée au père est invariablement de 13 % chaque année. Aucune évolution n'est sensible sur toute la période. Pour les pères non mariés, il est plus faible. Quelle bataille ils ont alors emportée ! Ils doivent régulièrement fournir des justificatifs à l'école pour prouver que la résidence de l'enfant est bien chez son père. La difficulté vient non seulement des schémas sociaux qui consacrent le rôle de la mère à son jeune enfant, mais aussi du jugement porté sur une mère qui n'en a pas la garde. La peur de ce regard social rend les femmes d'autant moins enclines à un accord, même s'il est dans l'intérêt de l'enfant. Je vois régulièrement des collégiens envoyés en pension alors qu'ils pourraient aller chez leur père, juste parce que la mère ne veut pas rendre les armes... Si cela devenait plus admis dans la société, si l'on écoutait plus la parole de l'enfant, si le couple avait fait la paix, cela n'apparaîtrait pas à la mère comme un combat perdu, mais comme un accord entre parents conscients des besoins de leur enfant. Ce qui démine le mieux le terrain est d'expliquer le caractère réversible de la décision selon les temps de vie de l'enfant.

De fait, le climat sera d'autant plus positif pour l'enfant que chacun se dira que les décisions de résidence sont évolutives. Il y a toujours des faits nouveaux qui permettent de revenir vers le juge, les plus importants étant la demande de l'enfant à être entendu, en particulier à l'adolescence. Il est clair qu'un garçon adolescent peut bénéficier d'un dialogue riche avec son père. Les hommes doivent jouer leur rôle d'éducateur envers leur fils : qui dira mieux que le père la normalité des premières éjaculations nocturnes ? Qui pourra apprendre au garçon le respect des filles, y compris et surtout dans les rapports sexuels, éducation si urgente pour ces jeunes gavés d'images pornographiques bien avant 12 ans ? En miroir, c'est une période où la fille peut avoir besoin de tête-à-tête avec sa mère. L'une de mes patientes avait pour habitude de laisser serviettes et protections sanguinolentes traîner dans la salle de bains du père... Cela s'arrêta dès qu'on la laissa un jour de plus avec sa mère sans la sœur, fillette alors résidant chez le papa sans problème. Quand la paix est établie entre les parents, on peut ainsi moduler la résidence de l'enfant en fonction de ses besoins, des étapes de son développement : c'est vraiment constructif pour eux... et reposant pour vous.

Lui parler du juge ?

Une mère peut être amenée à présenter la décision du juge comme une obligation, laissant percer son impuissance quant à s'opposer au départ de l'enfant chez son père, même quand le petit est en sanglots.

« Je dois y aller, c'est le juge qui l'a dit ! » me disent parfois les enfants. Même si vous êtes déçue par la décision légale, il faut essayer d'en comprendre le fondement.

Une mère peut avoir des raisons majeures pour qu'il n'aille pas chez son père (en miroir, un père peut être soucieux par exemple du comportement du beau-père). J'ai suivi des enfants qu'on obligeait à prendre le train pour une campagne déserte où le père et sa nouvelle compagne étaient totalement alcoolisés le soir... Également deux enfants, un garçon et une fille, seuls avec un père stockant des armes sous le lit... Un garçon dont le père insultait tant la mère que le gamin en devenait meurtrier en puissance, me décrivant en détail comment il étranglerait son père... Une fillette décrivant le père la main sur son sexe en érection dans la voiture qui la raccompagnait... Dans tous ces cas, certes la mère n'avait pas pu refuser le droit du père, mais dès lors qu'il a pu entendre l'enfant, accompagné lui-même d'un avocat, le juge a toujours pris une décision sage. Tout cela est dans le droit, sachez le démontrer et le mettre en forme juridique.

Ces situations, cependant, sont minoritaires. Le plus souvent, comme nous l'avons vu au cours de cet ouvrage, la préoccupation est surtout grande qu'un père démissionne des relations trop rares qu'on lui octroie avec son enfant. Mieux vaut donc dire à l'enfant qu'on va essayer de comprendre pourquoi il n'a pas envie d'aller chez son père et en parler ensemble, d'où l'importance d'un dialogue conservé !

S'il voit peu son père alors que ce dernier se montre contrarié devant l'enfant, la mère dit : « C'est le juge qui a décidé ! » Si le père revendique une garde alternée, il invoque volontiers : « Nous allons revenir devant le juge ! » Pour l'enfant, le juge apparaît ainsi comme une sorte de Dieu, plus puissant que son père et assez terrifiant. Est-ce rendre service à l'image du père ? Certes, je pense qu'il faut parler du juge à l'enfant dès lors que la résidence de l'enfant relève de ses décisions. Mais certainement pas comme un dernier recours lorsque l'on veut avoir raison pour – ou contre – l'autre ! Un enfant doit savoir que la noblesse de notre démocratie est de protéger les plus faibles, donc les enfants. Le juge qui traite des séparations est dit « aux affaires familiales ». C'est donc lui qui dit ce qui est juste pour chacun et le mieux pour toi, l'enfant. Pour l'éclairer dans sa décision, chaque parent a un avocat qui étudie les éléments à indiquer au juge. C'est pourquoi je suis absolument contre une séparation sans jugement ; et je recommande que chaque parent ait un avocat. L'enfant lui-même peut avoir un avocat et peut être entendu directement par le juge, dès lors qu'il est « en âge de discernement ». La problématique de ces séparations de plus en plus fréquentes avec des enfants très jeunes est qu'il y a trop peu de formation à l'écoute de la parole de l'enfant. L'affaire d'Outreau a d'ailleurs fait régresser toute la société, ayant amené à considérer que les enfants avaient « menti » alors qu'ils avaient simplement été très mal interrogés...

C'est pourquoi, si la bonne décision pour l'enfant

n'est pas évidente, le juge cherche de plus en plus à s'appuyer sur l'avis d'un expert. Bien que celui-ci n'ait que quelques entretiens pour comprendre l'un, l'autre et l'enfant, son avis est généralement très étayé. Il m'est arrivé – rarement toutefois – d'estimer que le bilan n'avait pu réellement apprécier les demandes de l'enfant. Le «conflit de loyauté» vis-à-vis de l'un des parents est parfois allégué pour ne pas tenir compte de ses demandes. Il faut un grand courage à un petit enfant pour se confier ; ses propos méritent alors le plus grand respect.

Les parents exercent aujourd'hui une grande pression sur les pédiatres pour attester que l'un ou l'autre est un bon parent. Mais les médecins n'ont pas à prendre parti concernant la résidence de l'enfant. Ils ne peuvent attester que des faits : qui vient régulièrement aux consultations ? L'enfant est-il bien-portant ? Bien vacciné ? Bien éveillé ? Tout médecin doit signaler un enfant en danger de maltraitance mais, là encore, il doit s'appuyer sur des constatations visibles, et non sur les allégations de l'un ou l'autre parent.

Cela place le pédiatre dans des situations parfois difficiles quand l'enfant, clairement, affirme qu'il aimerait aller plus souvent avec son papa alors que la mère ne veut pas l'entendre. C'est pourquoi je pense que l'enfant doit concevoir le juge comme son allié qui veut son bien. Et savoir qu'il peut l'entendre, ou pourra l'entendre quand il sera prêt. Voilà ce qu'il faut dire à l'enfant.

Chapitre XVI

Y a-t-il un âge de l'enfant préférable pour divorcer ?

Voilà finalement la question que se posent de plus en plus les parents, avec les réflexions suivantes :

Quand il est bébé, parce que l'enfant ne se rendra pas compte ?

Nous avons vu combien cette idée est illusoire. Certes, le nourrisson ne réalise pas que son père est absent, mais c'est toute une écoute en stéréo éducative qui lui manque. Il connaît la douceur de la peau de sa maman, son sourire, son regard, ses seins et ses bras, l'odeur de son lait, de son parfum, sa chaleur. Cette enveloppe lui est nécessaire et elle est sécurisante. Il connaîtra bien vite le tonus et l'odeur d'autres femmes, sa nounou, son auxiliaire à la crèche, sa grand-mère maternelle. Bien sûr, vous essaierez de faire entrer des hommes dans le cercle, grand-père, parrain et tontons, mais leur regard n'est pas le même que celui d'un père : tendresse et fierté, reconnaissance de la filiation, projection dans l'avenir, le bébé porté haut dans des bras forts, sur une poitrine velue, odeur d'homme dans le lit de maman, sourire de la mère le déposant dans les bras du père... Le bébé d'une mère abandonnée par le père est privé de cette communion des deux sexes. Même si elle se veut femme de fer, courageuse, assumant tout, son regard est plus souvent perdu que celui de la mère toute consacrée à son petit et protégée par l'homme. La dépression maternelle guette derrière la solitude de la mère mais aussi du bébé dont le regard ne rencontre que la brume de la tristesse.

Non, ne vous croyez pas assez forte pour élever votre enfant sans lui. Non, ne la croyez pas assez puissante qu'elle n'ait pas besoin que vous veniez près d'eux, filet de sécurité toujours disponible.

Il n'est donc pas « préférable » de se séparer quand l'enfant n'est pas rationnellement conscient. Et si vous deviez vous y résoudre, gardez tous les liens, si ténus soient-ils, avec son père. Nous verrons toujours l'enfant poser la question : « Il est où mon papa ? » plus tard, même s'il a grandi sans... Vous aurez évité les protestations, mais pas les questions.

Avant 3 ans, pour que la situation soit réglée au moment de l'entrée en maternelle ?

La situation ne sera jamais « réglée », nous avons vu comment l'enfant aura besoin de son papa aux différentes étapes de son développement. « À qui dois-je m'identifier ? Je suis fort... comme qui ? Je voudrais me marier avec... qui ? Je suis porté sur les épaules... de qui ?» Et après l'école maternelle, ce sera l'entrée au CP, et ensuite l'entrée au collège... Organisez le plus possible les rencontres avec son papa, avec sa famille, ses amis. Alors, il grandit en paix et son histoire reste un livre ouvert.

Entre 3 et 6 ans, pour qu'il ait des amis, d'autres repères sociaux ?

Si vous vous séparez pendant ses trois années de maternelle, attendez-vous à des réactions, quand on demandera la profession de ses parents, quand il sera invité à un anniversaire et retrouvera les papas des autres. C'est vrai, le tout-petit a peut-être cessé de vous interroger, mais il n'hésitera pas à poser ses questions à d'autres. Maintenant qu'il sait s'exprimer, il sait aussi se taire, pour ne pas faire de peine. Le silence est pire que les pleurs. C'est sans doute l'âge où la tristesse risque d'être la plus consciente, et pourtant, nous l'avons vu, c'est aussi l'âge où les séparations connaissent un pic de fréquence. Que le père fasse vraiment tout pour se manifester, qu'il s'implique dans l'association des parents d'élèves, qu'il vienne avec la mère (pas avec sa compagne !) à la kermesse, qu'il accompagne les enfants en sortie de classe..., alors le petit écolier acquerra une hyperconscience de son père, au vu et su de tous, compensant ses absences.

Entre 6 et 11 ans, parce que maintenant il a la notion du temps et de l'espace pour vivre dans deux maisons ?

Vous craignez ses réactions, il a la langue bien pendue, répond à son beau-père et critique sa belle-mère. Mais cette période dite « de latence » où l'enfant est surtout préoccupé de ses acquis sociaux et scolaires est sûrement la moins mauvaise période pour lui. Il sait qui il est, garçon ou fille, par rapport à ses deux parents, il sait lire l'heure, les mots transmis par papa, peut composer un numéro de téléphone et projeter sur son agenda la répartition des week-ends. L'écolier peut se faire aider par ses parents selon leurs compétences, la fillette ou le garçonnet joue avec ses amis et peut se confier. Il arrivera à s'organiser assez vite dans la résidence alternée si ses parents l'aident, pour ses vêtements, ses outils scolaires, ses révisions. C'est donc l'âge le plus favorable pour la résidence alternée, si l'enfant ne doit pas passer entre deux camps hostiles. D'où la nécessité pour les parents de bien s'entendre.

À l'adolescence, parce que maintenant il est assez grand pour comprendre ?

C'est ce que vous croyez : l'ado se transforme, commence à tomber amoureux, à connaître les déceptions, à avoir ses amis, ses sorties, son téléphone, à s'enfermer dans sa chambre... Vous pensez qu'il est mûr pour apprendre la vérité : papa a une copine et maman lui fait ses valises, ou l'inverse. Mais en réalité, c'est sûrement le moment le plus difficile : c'est à son tour d'être amoureux, et ce serait bien rassurant que vous soyez de « vrais parents, à leur place de parents », comme dit Suzie, ce qui veut dire trop vieux pour parler d'amour, pour avoir une sexualité ou même, horreur, faire un nouveau bébé avec un autre ! Les mères ressemblent de plus en plus à leur fille, les pères se remettent en couple avec une jeune femme : ces recompositions sont en réalité très violentes pour l'adolescent en pleine métamorphose, qui cherche sa place, ses amours. Alors, l'ado réagit dans le mutisme, en s'enfermant dans ses jeux vidéo, elle se maquille outrageusement, sort sans donner d'heure, les résultats scolaires baissent. Mieux vaut prendre le temps pour une cohabitation avec un nouvel amour. Et là encore vous toucherez les bénéfices de l'entente conservée entre les parents, filet de sécurité sous les pas du funambule.

Faut-il attendre qu'il soit adulte, le travail accompli ?

Il ne dira pas : « Merci papa, merci maman » de votre révélation tardive d'une mésentente cachée et dignement endurée, sacrifice « pour les enfants ». Car la séparation des parents est toujours violente et, mettez-vous à sa place, devoir vous dire merci d'être

« restés ensemble pour lui », alors que voilà toutes ses convictions d'enfant battues en brèche, lui donne un sentiment intense de trahison. Préparez-vous à l'orage, et peut-être à une période douloureuse de silence. Mais c'est vrai, jusque-là, il s'est construit en paix. L'éducation n'attend pas de reconnaissance exprimée, mais la fierté de l'avoir protégé du stress peut vous habiter. Même s'il vous renie quelque temps, votre jeune adulte renouera le lien dès lors que vous lui faites régulièrement signe. Ce conseil est valable pour le père comme pour la mère. N'ayez pas peur de ses colères, contemplez le bel adulte et son potentiel, vous l'avez créé et soutenu, il le sait.

Comme vous le voyez, il y a une tranche d'âge (la période de latence entre 7 et 12 ans) moins toxique pour se séparer, mais il y a surtout une méthode. C'est ce que nous allons voir.

Chapitre XVII

Des parents avertis...

... se préparent

Aujourd'hui, faire un enfant engage plus que le mariage. Dès lors que vous l'avez mis au monde, vous êtes liés à vie. Et même dès lors que vous l'avez conçu ! Autant dire qu'il faut être prêt à être papa dès que vous avez une relation amoureuse non protégée. Si vous prenez ce risque, il faudra assumer une paternité éventuelle. Certes aujourd'hui la plupart des enfants sont désirés... Mais même avec la foi militante des nouveaux papas arborant leur petit en porte-bébé, vous devez vous préparer aux embûches inévitables qui, assurément, mettront votre relation amoureuse à rude épreuve. C'est pourquoi j'approuve les projets de préparation au mariage mais souhaite les étendre à la préparation au concubinage, au pacs, à l'adoption. Ainsi, quand la mère sera épuisée par la difficulté à concilier travail et enfant, le père saura que c'était écrit, qu'elle n'est pas « anormale » ni « frigide », que c'est une période incontournable, et il pourra se consacrer plus à la soutenir qu'à la dénigrer. Dès lors aussi, le père ne se reprochera pas son manque d'autorité envers un enfant en pleine demande pour être guidé dans le monde. Préparés à cette période à haut risque, ils se comprendront mieux et tiendront avec plus d'adresse le gouvernail de leur couple.

... se protègent

Prévenus du risque de perdre leur complicité, les parents sauront se préserver des grasses matinées sans enfant, des sorties à deux pour un ciné, des week-ends en amoureux. Même s'ils sentent que leur temps libre est précieux pour bébé, ils n'oublieront pas que le plus important pour l'enfant est de vivre avec ses deux parents.

Si la séparation est inéluctable, pour l'un ou pour l'autre, il faut éviter d'humilier son conjoint. Mieux vaut accepter de vivre une période où l'on ne peut plus partager le même toit, tenter de se retrouver soi-même et prendre le temps de l'irréversible, plutôt que de prendre des décisions précipitées pour une incompatibilité d'humeur ou une rencontre amoureuse peut-être fugace, due à la fragilité d'une dépression post-naissance passée inaperçue. Comprendre, continuer de communiquer, faire savoir aux proches et aux amis que l'on prend son temps, ne pas médire ni rajouter les commérages à l'infortune, protège le couple qui reconstruit une nouvelle dynamique et préserve l'image du père pour l'enfant.

Pour cela, il y a des formules clés :

— Pesez vos mots dans vos mails, vos SMS, vos traces écrites : tout servira ensuite d'arme l'un contre l'autre.

— Allez consulter un avocat avant même que l'orage n'éclate. Sans que ce soit une déclaration de guerre, juste pour un conseil.

— Choisissez chacun un avocat, plutôt qu'un avocat commun, car alors il y a toujours un fort et un faible, un puissant et un fautif, un culpabilisé et un profiteur...

— N'évoquez pas les questions d'argent : « Je n'y connais rien », « Je suis trop triste pour être lucide », ce sont aux avocats d'en discuter, aux juges d'évaluer.

— Tentez avec les avocats un protocole à l'amiable pour organiser la résidence des enfants. En sachant que les décisions seront évolutives mais que ce protocole pèsera lourd comme base pour l'avenir.

Plus vous éviterez les blessures, le mépris, moins l'opération, si elle s'avère inéluctable, laissera de cicatrices.

... se pardonnent

Dès lors que vous avez un enfant en commun, il faut garder vivant ce qui vous a unis. Vous avez tendance à mettre au contraire du citron sur les plaies, ne serait-ce que pour justifier cette déchirure grave infligée à l'enfant. Mais vous n'avez rien à justifier, auprès de personne ! Lorsque l'on fait un enfant, on n'a pas le projet de se séparer. Si vous en arrivez là, c'est parce que la cohabitation est impossible. Vos raisons sont de l'ordre de l'intime, pas forcément du sexuel. Quand l'entourage dit : « On ne sait pas ce qui se passe dans leur lit », c'est une façon d'éviter la réflexion. En général, c'est parce que vous ne marchiez plus sur la même route que cela se passait mal au lit. Chacun évolue et il n'y a rien à justifier.

Inutile donc d'accabler l'autre pour illustrer vos griefs. Réactivez vos souvenirs du moment où tout était beau, où votre cœur se gonflait d'émotion, où votre ventre désirait tant cet enfant, de lui, d'elle. Essayez de préserver ces bonnes ondes entre vous, de rester des amis. Certes, ce n'est pas toujours possible, l'autre vous a tant blessé, trahi... Mais pas au début ! Et l'enfant est le fruit du début. Il ne doit pas être effacé par la suite.

Pour pardonner, il faut se dire que chacun a ses blessures d'enfance à réparer. Mais vous n'êtes pas le psy de votre conjoint et devez vous protéger d'être malheureux avec lui. Ce n'est pas pour autant qu'il faut vouer votre femme ou votre homme aux gémonies. En pardonnant les douleurs qui ont suivi, les déceptions, vous en garderez le meilleur. Quelle que soit la suite de sa vie, c'est vous qui aurez cet ami en appui. Votre vie sera si longue (cette génération vivra cent ans) et comportera tant d'épisodes que vous aurez grand besoin de ce que vous pourrez conserver de votre relation. Les échanges qui se poursuivront sur la durée donneront son sens à la vie de votre enfant, qui vous fera dès lors moins souffrir, en retour, à adolescence et à l'âge adulte. La solidarité du spermatozoïde et de l'ovule doit s'inscrire pour la vie entière !

... se font aider avant, pendant, après

Notre société protège les enfants sans papa, si leurs mamans savent se faire aider par toute une kyrielle d'intervenants à leur disposition.

Le psychologue : chaque maternité dispose, par décret, d'un psychologue qui lui est attaché. La sage-femme qui repère une maman isolée lui en donne les coordonnées. N'hésitez donc pas à confier votre désarroi à votre médecin ou aux infirmières qui s'occupent des suites de couches. Même le futur père peut demander à voir le psychologue avant ou après la naissance.

Vous disposez aussi d'une équipe précieuse dans toutes les PMI, qui suivent gratuitement les enfants jusqu'à 6 ans, les cafés de parents, les maisons de parentalité, les crèches. C'est dire qu'avoir un suivi psychologique lorsque l'on est parent d'un jeune enfant n'est pas difficile dans notre pays. Si vous sentez que vous avez besoin de mettre de l'ordre dans vos émotions de façon plus personnalisée et régulière, vous consulterez un psychologue en privé. Ne dites jamais : « C'est elle (ou lui) qui a besoin d'un psy ! » comme s'il fallait être fou pour consulter. L'accompagnement psychologique est préventif, il permet que les sentiments négatifs se livrent en terrain neutre, se réfléchissent, s'expriment autrement que contre l'autre et sur le dos de l'enfant. C'est une marque de respect pour votre enfant, un sens des responsabilités qui conduit à consulter quand on est tourmenté, au lieu de pleurer sur son berceau, de crier devant lui !

« Mon psy ne servait à rien ! » Si vous avez ce sentiment, ne vous dites pas que ce soutien est inutile, mais changez de psy : celui-ci doit vous faire comprendre à quoi servent vos échanges. Même si, c'est vrai, en faisant tomber vos défenses, il peut vous faire passer des moments délicats avant de vous renforcer psychiquement.

Les médecins : vous avez votre médecin généraliste ou votre gynécologue. En lui confiant votre état de tristesse, vos crises de pleurs et vos insomnies, vos crises de boulimie ou votre impossibilité à cesser la cigarette, vous lui donnez autant de signes d'appel sur la crise que vous traversez. L'habitude de voir défiler toute la « comédie humaine » dans son cabinet l'incite à vous éviter les erreurs commises en plein stress. Si vous le sentez ouvert à l'entretien, alors que la salle d'attente est débordée, n'hésitez pas à lui demander un autre rendez-vous « juste pour parler, docteur ».

Le médecin de votre enfant est aussi un allié. Les pédiatres sont des humanistes de grande expérience, dont la seule préoccupation est le développement harmonieux de l'enfant. Ne croyez jamais que le pédiatre de votre enfant va pencher pour l'un ou l'autre parent. Il appréciera simplement l'attention que vous portez à la santé, physique et psychologique, de votre petit.

Quand moi-même je vois un parent seul dans la salle d'attente, je sais qu'il a besoin de faire le point sans l'enfant. C'est une très bonne démarche à certains moments de crise. Il m'est arrivé de voir une maman dans l'entrée avec un bouquet d'anémones : elle voulait me remercier parce que je l'avais soutenue pour sauver son couple, trois ans auparavant...

Le conseiller conjugal : sa formation peut être celle d'un psychologue, d'un médecin ou d'une assistante sociale... Il vous reçoit ensemble et essaie de rétablir un dialogue. Vous découvrirez alors bien souvent que votre mésentente provient de difficultés liées à des éléments extérieurs à vos personnalités, au surmenage, aux difficultés matérielles, à la manipulation par une autre personne... Prenez le temps d'entendre l'autre, de voir le praticien réagir; n'allez pas aux consultations enfermés dans votre propre bulle, avec vos reproches et sans espoir de changement... À ces conditions, vous pourrez peut-être continuer votre route ensemble.

Le médiateur familial : la médiation est indispensable quand vous avez épuisé les aides précédemment évoquées et quand le conflit vous semble conduire inexorablement à la séparation. Au Québec, une consultation de médiation est imposée par la loi avant toute séparation, payée par l'État. Dès lors que vous avez un enfant en commun, vous ne pouvez pas vous présenter devant le juge canadien si vous n'avez pas eu un entretien d'une heure et quart avec le médiateur, ou si vous n'avez pas assisté à une réunion de groupe avec deux médiateurs. L'intérêt de cette démarche est de faire connaître aux parents la pratique de la médiation, qui conduit à apaiser le conflit. Si vous vous impliquez honnêtement dans ce travail, parfois vous trouverez injustifié de renoncer à la vie commune, et si vous confirmez la nécessité de vous séparer, le conflit sera bien moins grand quant à la résidence de l'enfant et aux questions matérielles... C'est une démarche préventive au regard des conséquences ultérieures d'une séparation mal comprise, conséquences très douloureuses alors pour l'enfant, et donc pour ses parents. C'est pourquoi j'ai déposé récemment, en tant que députée, une proposition de loi imposant un entretien de médiation avant de passer devant le juge, comme au Québec[1].

De fait, en France, le juge aux affaires familiales peut déjà ordonner une médiation dans le cadre de votre séparation. Mais l'un des deux parents peut la refuser, ou mener à l'échec ce travail en envahissant les entretiens de son agressivité et de ses émotions livrées en boucle sans aucune écoute de l'autre. Ce dernier ne doit pas se décourager et faire confiance à la formation du médiateur pour gérer l'échange à l'entretien suivant. La patience et la confiance font souvent échouer les manœuvres qui chercheraient à dominer dans la médiation. Celui qui claque la porte ne se met pas en bonne posture pour la suite. Le médiateur peut décider de mettre fin au suivi, soit parce qu'il lui semble avoir permis une écoute réciproque, soit parce que celle-ci lui paraît impossible.

1. Voir annexe III.

Les propos échangés pendant la médiation relèvent du secret professionnel et ne sont jamais transmis au juge. Si la médiation a échoué, une nouvelle tentative peut être faite avec un autre médiateur choisi par les deux parents.

Conclusion

Les progrès de la procréation permettent des naissances non seulement désirées, mais programmées. Cependant ce sont les femmes qui portent l'enfant, les femmes qui l'allaitent, et toujours et encore les femmes qui l'élèvent.

Les femmes ont tout bousculé, et ce n'est pas fini car la révolution technologique les rendra encore plus totipotentes, capables de concilier l'éducation de leurs enfants et leur vie professionnelle. Internet libère la femme plus encore que ne l'ont fait l'école, le droit de vote, Moulinex, la pilule et l'IVG. Les néoféministes ne veulent pas nier leur destin maternel, elles veulent tout concilier, leur dignité par le travail et leur épanouissement dans la maternité.

Les hommes n'ont pas suivi. Il n'y a pas de néomasculinisme. Ils résistent en essayant de freiner le mouvement dans les sphères de décision, conseils d'administration, assemblées et gouvernement. Et ne parvenant pas à laisser tomber leur cotte de mailles, ils fuient souvent pour de nouvelles passions qu'ils espèrent plus gratifiantes. «Nouveaux pères» pendant quelques mois, ils se détournent de plus en plus rapidement du quotidien avec enfant. Les femmes n'ont pas alors la soumission de leurs grands-mères en dépendance, elles revendiquent leur liberté.

Au milieu se trouvent les bébés. Heureusement, les parents ont conscience aujourd'hui que ce sont des personnes. Alors, ils cherchent à préserver l'enfant. J'espère que ce livre vous aura aidés dans cette réflexion, que vous aurez pu le lire à deux, échanger vos états d'âme, qu'il deviendra un ouvrage de médiation. Sans doute parviendrez-vous ensuite à panser vos plaies pour vous tourner vers l'avenir de cet enfant, le vôtre, à tous les deux.

Conserver la place et l'image du père constitue un grand enjeu sociétal d'aujourd'hui, qui concerne les deux parents. Devant les bouleversements de la vie des adultes et des enfants, la nouvelle aventure qui s'ouvre à vous doit préserver les repères des tout-petits. Géniteur, père et surtout papa du quotidien, ne perdez jamais le contact avec votre enfant bien sûr, mais surtout avec sa maman. L'avenir d'un petit d'homme est en jeu.

Le législateur avance dans le sens du renforcement de la place du père, mais il faut aussi que lui-même joue le jeu en ne déclarant pas la guerre à la mère. Car, sachez-le, quelles que soient les folles aventures que vous réserve votre longue vie, la plus belle, la plus gratifiante sur le long terme, ce sera l'amour qu'en retour vous portera votre enfant. Parce que vous vous serez efforcés de lui parler, de le comprendre, mais aussi de vous pardonner l'un à l'autre, ses parents... même si, bien sûr, l'autre a tous les torts !

ANNEXES

ANNEXE I

Proportion d'unions déjà rompues suivant la durée et l'année du mariage

Année du mariage	Durée du mariage (en différence de millésimes)											
	0	1	2	3	5	8	10	15	20	25	30	35
1970	1,7	21,6	75,7	158,0	363,8	729,4	966,1	1522,4	2001,1	2367,9	2614,5	2767,9
1975	1,8	30,5	114,5	233,3	515,1	957,1	1245,1	1847,0	2330,8	2724,4	2982,7	
1980	1,5	39,8	145,6	294,3	648,7	1139,9	1433,7	2072,7	2597,6	3023,3		
1985	1,3	43,7	167,8	338,8	711,8	1237,6	1574,7	2268,1	2841,6			
1990	2,1	49,0	176,7	380,5	822,9	1428,3	1782,5	2546,2				
1991	0,8	34,2	182,8	395,0	863,9	1487,8	1837,5	2636,6				
1992	0,8	39,1	176,9	386,2	843,7	1457,8	1809,1	2612,7				
1993	1,1	38,5	174,5	362,8	792,0	1383,8	1745,7	2569,5				
1994	0,7	33,6	153,6	334,2	753,1	1333,2	1716,6	2531,6				
1995	0,9	32,3	154,6	338,4	762,4	1373,8	1797,2					
1996	0,9	32,9	154,1	338,1	751,7	1381,8	1805,7					
1997	0,4	34,5	163,7	351,2	775,1	1470,5	1859,3					
1998	0,5	36,9	178,9	374,9	850,5	1586,1	1974,0					
1999	0,6	39,7	181,5	395,8	882,0	1603,1	1972,5					
2000	0,9	36,0	181,4	418,6	996,7	1685,9						
2001	0,7	36,6	195,2	449,8	1067,0	1750,3						
2002	0,6	36,2	195,6	525,8	1112,0							
2003	0,3	34,6	238,5	517,9	1090,0							
2004	0,4	65,6	230,5	466,5	986,8							
2005	4,2	68,8	222,5	439,3								
2006	5,2	67,7	212,0	414,2								
2007	5,1	67,8	212,8									
2008	5,6	70,5										
2009	6,4											

Champ : France métropolitaine.
Lecture : il s'agit du nombre d'unions déjà rompues pour un effectif initial de 10000 mariages : ainsi pour 10000 mariages célébrés en 1970, 2768 avaient été rompus avant 35 ans de mariage.
Sources : Ministère de la Justice, INSEE.

ANNEXE II

Toujours plus de familles monoparentales

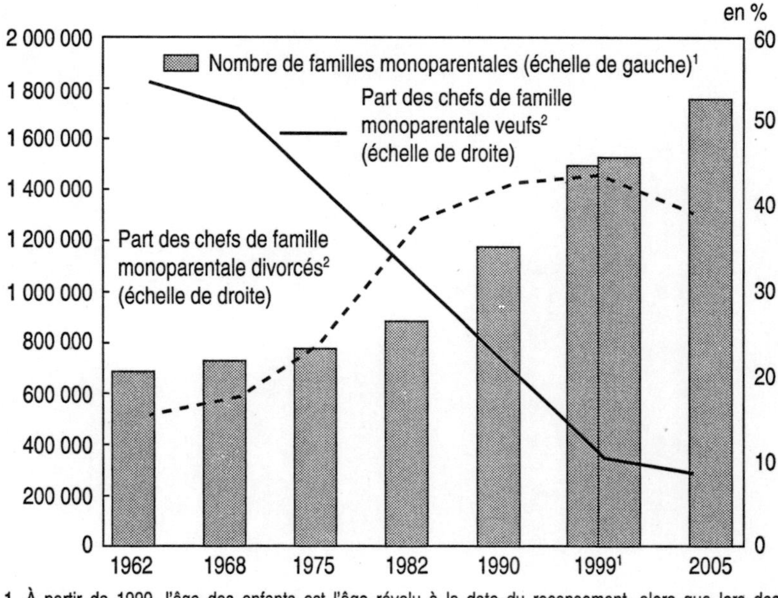

1. À partir de 1999, l'âge des enfants est l'âge révolu à la date du recensement, alors que lors des recensements précédents il s'agissait de l'âge atteint l'année du recensement. En 1999, il y a 34 000 familles avec enfant de 0 à 24 ans de plus en utilisant l'âge révolu plutôt que l'âge atteint dans l'année.

2. Il s'agit de la situation matrimoniale légale et non de la situation de fait. Un adulte d'une famille monoparentale auparavant en couple non marié reste légalement célibataire après une séparation ou le décès du conjoint.

Champ : France métropolitaine, ménages ordinaires, familles avec enfants de moins de 25 ans.

Source : INSEE, recensements de la population de 1962 à 1999, enquêtes annuelles de recensement de 2004 à 2007.

ANNEXE III

Proposition de loi instituant une médiation préalable en cas de séparation parentale

Exposé des motifs

Les enfants sont trop souvent les otages du conflit parental, lors de séparations de plus en plus fréquentes aujourd'hui. Les adultes saisissent le juge pour arbitrer entre les différents modes de résidences. Les partisans des différents modes d'organisation sollicitent le législateur pour faire pencher la balance du côté de la résidence alternée ou pour inscrire dans la loi la priorité à une résidence principale. Mais les effets psychologiques de la mésentente parentale sont dévastateurs pour l'enfant, quel que soit le découpage de son mode de résidence.

C'est pourquoi nous devons imposer une consultation de médiation comme cela est appliqué au Canada. La médiation familiale est en effet trop peu connue et rarement pratiquée avant que les parents s'adressent au juge. Elle se définit comme « processus de construction ou de reconstruction du lien familial axé sur l'autonomie et la responsabilité des personnes concernées par des situations de rupture ou de séparation dans lequel un tiers impartial, indépendant, qualifié et sans pouvoir de décision – le *médiateur familial* – favorise, à travers l'organisation d'entretiens confidentiels, leur communication, la gestion de leur conflit dans le domaine familial entendu dans sa diversité et dans son évolution ».

La médiation a été introduite dans le Code civil par la loi n° 2002-305 du 4 mars 2002 relative à l'autorité parentale : elle a pour objectif, avec le concours d'un tiers indépendant, d'aider les parents à l'exercice consensuel de l'autorité parentale en prévenant les conflits (médiation extrajudiciaire) ou en atténuant leurs effets dans l'intérêt des enfants (médiation judiciaire). Mais elle reste facultative :

l'article 255 du Code civil relatif au divorce dispose que *« le juge peut notamment :*

1° Proposer aux époux une mesure de médiation et, après avoir recueilli leur accord, désigner un médiateur familial pour y procéder ;

2° Enjoindre aux époux de rencontrer un médiateur familial qui les informera sur l'objet et le déroulement de la médiation » ;

l'article 373-2-10 du Code civil relatif à l'exercice de l'autorité parentale par les parents séparés dispose qu'*« en cas de désaccord, le juge s'efforce de concilier les parties. À l'effet de faciliter la recherche par les parents d'un exercice consensuel de l'autorité parentale, le juge peut leur proposer une mesure de médiation et, après avoir recueilli leur accord, désigner un médiateur familial pour y procéder.*

Il peut leur enjoindre de rencontrer un médiateur

familial qui les informera sur l'objet et le déroulement de cette mesure ».

Le taux de divorce en France est le plus élevé dès cinq ans de mariage, dans le même temps que les femmes se marient pour la première fois vers l'âge de 29,6 ans. En cumulant ces données, on peut facilement constater que lors des séparations les enfants sont impliqués de plus en plus jeunes.

L'objectif de cette proposition de loi est de compléter les dispositions existantes introduisant le caractère obligatoire d'un premier entretien de médiation, auprès d'un médiateur désigné par le juge.

En sachant que la procédure de médiation familiale a été reconnue avoir pour conséquence en France le désengorgement des tribunaux, notamment dans le cadre des procédures des affaires familiales.

L'obligation d'instaurer au moins une séance de médiation pour les cas de séparation poursuit donc un objectif d'optimisation de la justice et de protection des populations les plus vulnérables.

À titre d'exemple, au Québec, une loi instituant la médiation préalable en matière familiale est entrée en vigueur le 1er septembre 1997. Son objectif est de permettre aux membres d'un couple, mariés ou non, de recourir aux services d'un médiateur accrédité destiné à les aider à trouver une solution à leurs différends et à parvenir à un accord écrit. Cet accord a vocation à entériner les décisions relatives à leur demande de séparation, de divorce, de garde des enfants, de pension alimentaire ou de révision de jugement.

Le dispositif québécois repose en substance sur l'interdiction de statuer sur une demande en justice sans qu'au préalable les parties aient au moins assisté à une réunion d'information avec un médiateur. Il s'est montré efficace. Depuis septembre 1997, environ 115 000 couples ont fait appel à la médiation familiale, les deux tiers en dehors de toute procédure judiciaire. Le nombre d'affaires familiales soumises à la Cour supérieure du Québec dans le champ couvert par ce dispositif a subi une baisse constante depuis sa mise en place, passant de 38 758 à 30 254 en 2007. Le taux de satisfaction des personnes qui y ont recours atteint 82 %.

Au plan financier, nous proposons que la charge de cet entretien initial de médiation soit partagée à égalité par les parents désirant se séparer.

Article 1er

« Pour toute demande auprès du juge aux affaires familiales de procédure de séparation de parents ayant des enfants de moins de 16 ans, il est obligatoire d'avoir eu un entretien avec un médiateur familial.

Une attestation de cette consultation devra obligatoirement être remise au Juge.

Cette consultation sera à la charge des parents. »

Remerciements

Je remercie **tous les membres de mon équipe** pour leur participation quotidienne à ma réflexion et au soutien aux enfants et à leurs parents :

mon associé pédiatre, Valérie Bisror,

les psychologues cliniciennes : Mélanie Dupont, Edith Jacob Duvernet, Sandrine Lagarde,

et mon assistante médiatrice familiale, Véronique Fachet.

Et mes assistantes parlementaires :

Émilie Prével,

Edith Alvares de Azevedo Macedo,

ainsi que Connor Steelberg, pour leur précieuse collaboration à ma proposition de loi.

Courrier des lecteurs : edwigeantier@me.com
Retrouvez Edwige Antier sur son site Internet :
www.edwigeantier.fr

Table

Cet ouvrage a été imprimé
en avril 2012 par

CPI
FIRMIN-DIDOT

27650 Mesnil-sur-l'Estrée
N° d'édition : 52328/01
N° d'impression : 110571
Dépôt légal : mai 2012

Imprimé en France

La photocomposition de cet ouvrage
a été réalisée par
GRAPHIC HAINAUT
59163 Condé-sur-l'Escaut